己巳遺敎

文谷金壽恒遺敎

김창흡(金昌翕) 기술
김위현(金渭顯) 편역

藝 文 春 秋 館
2015

편역자 소개 : 김위현(金渭顯)

현재 명지대학교 명예교수이며 인하대학교 교수로 재직 중이다. 중세 만몽지역 역사를 연구하여 「거란사회문화론」 외에 수십여 권의 저서와 10여권의 역서가 있다.

기사유교

지은이 / 김창흡(金昌翕) 기술, 김위현(金渭顯) 편역

펴낸이 / 김정년

표지 디자인 / 김종연

편집 / 이서현

교정 / 윤승환

펴낸 곳 / **藝 文 春 秋 館**

등록 제 15-26호 (1988. 3. 24)
주소 / 서울 관악구
보라매로5가길 7, 1310호
전화 / (02) 887-5423
FAX / (02) 888-5423
ISBN 978-89-85090-08-7 93370

문충공(文忠公, 휘: 壽恒, 호: 文谷) 존영

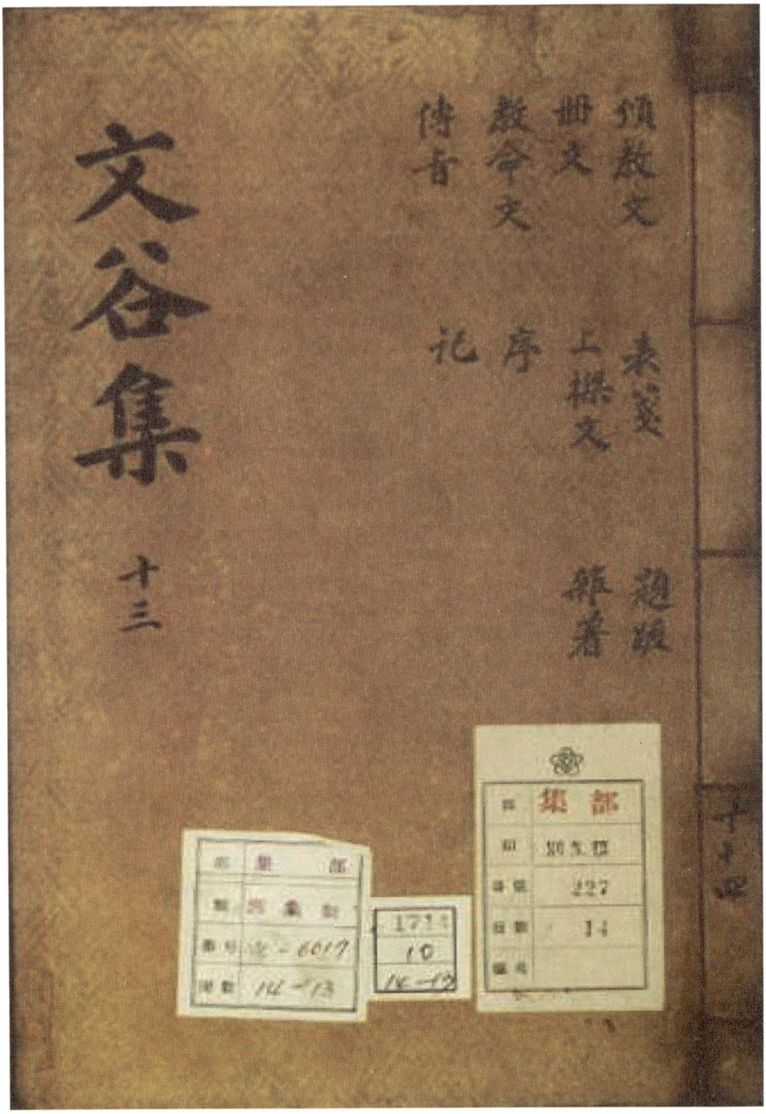

문곡집(文谷集)

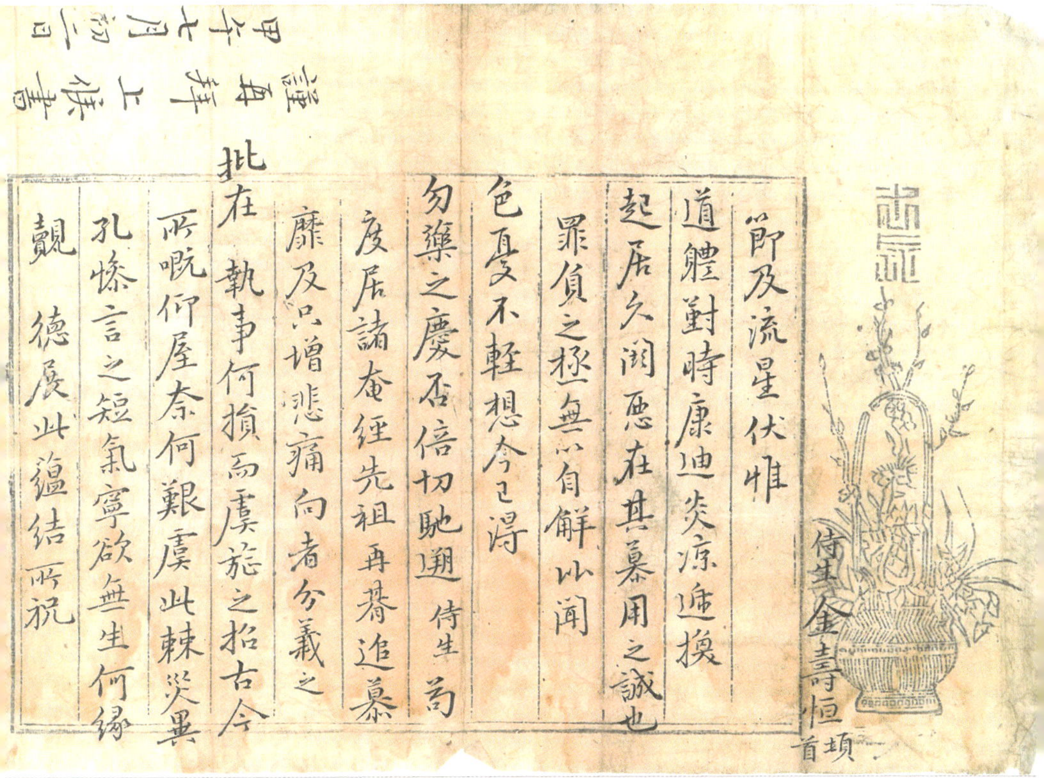

侍生金壽恒 首頓

節及流星伏惟

道體對時康迪炎涼遞換

起居久闕慼在其墓用之誠也

罪負之極無以自解以聞

色憂不輕想今已得

勿藥之慶否倍切馳遡 侍生 前

度居諸奄經先祖再朞追慕

靡及只增悲痛向者分義之

批在 執事何損而虞旋之招古今

所眠仰屋奈何艱虞此棘災異

孔慘言之短氣寧欲無生何緣

覿 德展此蘊結所祝

謹再拜上候書

甲午七月初二日

문곡유묵(文谷遺墨)

녹동서원(鹿洞書院: 전남 유형문화재 제183호)
전라남도 영암군 영암읍 교동리 356
문곡(文谷) 외 3위의 위패가 모셔져 있다.

옥병서원(玉屛書院)

경기도 포천군 창수면 주원리

문곡(文谷) 외 5위의 위패가 모셔져 있다.

문곡(文谷)·안정나씨(安定羅氏) 함폄
경기도 양주시 금촌(金村)

편역자의 변(辯)

이 「기사유교」는 문곡(文谷, 휘: 壽恒)이 진도적소에서 후명(後命) 소식을 듣고부터 5일간 가족들과 대화한 내용을 담은 기록이다. 이 「기사유교」와 「임인유교」 그리고 「죽취부령유교」를 입수한지 거의 반세기가 되었다.

70년대 초반 유학을 떠나면서 전공분야도 바뀌고 또 새로운 환경에서 학업에 몰두하다보니 이 사료에 대하여 까맣게 잊어버리고 있었다. 그러던 중 정년퇴임을 앞두고 서재를 정리하면서 재발견을 한 것이다.

이 사료 내용이 조금씩 밖으로 알려지자 가장 관심을 가졌던 분은 김성진(金聖鎭) 장관이었다. 또한 김광한(金廣漢: 思雲) 회장은 이 사료가 남아 있다는 자체를 고맙게 생각하였다.

이제 이 분들도 모두 타계하고 편역자도 80을 바라보는 나이라 더 이상 미룰 수 없어 이제라도 미흡하지만 출간하고자 한다.

내용은 1689년(기사년, 숙종 15) 4월 5일 후명(後命) 소식을 듣고부터 자신의 반성, 사후의 장례문제, 자손들에 대한 훈계, 못 다한 집필문제, 숙종의 두창을 치유시킬 때의 전 과정, 묘도문자 문제, 할아버지의 문집산정 문제, 할아버지에게서 들은 일화, 자신이 공부한 내역 등에 대해 아들, 조카, 처남 등과 나눈 대화 속에서 남긴 훈계들이다. 이것을 훗날 아들 삼연(三淵, 휘: 昌翕)이 낱낱이 적어서 「임명일기(臨命日記)」라 하였던 것을 뒤에 한글로 번역하면서 후명이 내려진 그 해의 간기와 내용을 합쳐서 「기사유사(己巳遺事)」라 하였다가 다시 「기사유교(己巳遺敎)」로 제목을 바꿨다. 그러나 이 한글본은 「임명일기」의 5분의 2정도만 번역한 것이었는데 편역자가 나머지 부분을 번역하여 합본하였다. 그리고 본서의 이해를 돕기 위하여 번역문 후면에 「문곡 약연보」와 「문곡 직계 가계도」를 넣었고 또 본문 내용과 관계가 많은 「문곡 유훈6조」, 「청음공 유서」를 첨부했다. 마지막으로 어문연구에 도움이 될까 하여 한글원본과 한문원본을 덧붙였다.

이 유교는 자손들에게 조상들의 언행을 통하여 교훈을 얻게 하려는 목적의식에서 쓰여진 것이다. 그래서인지 문곡 1인의 자손에서 200여년간 3명의 왕비, 10명의 정승, 35명의 판서와 많은 문장가와 사상가가 배출되었다.

작품성에 대해서는 이승복(李昇馥) 교수가 「죽음과 마주한 인간의 진솔한 모습을 담고 있는 가치 있는 문학 작품」이라 평한 바 있다.

이 책을 편역하는데 있어서 안동김씨 서윤공파종중(庶尹公派宗中) 김홍진(金弘鎭) 회장님의 자문과 자료제공, 동종중의 김철동(金澈東) 사무총장의 조언이 많은 도움이 되었다.

다소 미흡한 점이 있을 것이지만 이 분야를 연구하는 분들에게 참고자료가 되기를 바란다.

2015년 3월 1일

國士峰下 書塢에서

『기사유교(己巳遺敎)』 해제

이 한글 『기사유교(己巳遺敎)』는 아들 삼연(三淵, 휘: 昌翕)이 아버지의 후명(後命)을 전후하여 침식을 함께 하면서 운명(殞命)까지 쭉 지켜보았던 일들을 『임명일기(臨命日記)』라는 이름으로 기록한 것이다. 이것을 훗날 부녀자나 한문을 잘 모르는 이들을 위하여 한글로 번역할 때 제목을 『기사유교』로 바꾼 듯하다.

세로 23cm, 가로 17cm의 고급한지에 쓰여진 총 56면(面)의 반흘림 궁체(宮體) 필사본으로 매면 8행, 매행 약 12자이다. 표지는 진홍색 고급 능화문(菱花文)이다.

이 유교를 남긴 분이 바로 기사년(1689) 참화를 당한 문곡(文谷) 김수항(金壽恒)이다. 문곡은 우리나라 역사에서 보기 드문 문재(文才)와 환력(宦歷)을 가졌던 분이다. 그러나 고질적인 당쟁이 소용돌이치는 시기에 태어나서 마음껏 재주와 정치적 포부를 펴보지 못하고 후명(後命)을 받게 되는 비운을 맞았다.

그는 1629년(인조 7) 8월 1일에 출생하여서 1689년(숙종 15) 4월 9일 후명(後命)을 받고 서세하였다. 휘(諱)는 수항(壽恒), 자(字)는 구지(久之), 호(號)는 문곡(文谷), 시호(諡號)는 문충(文忠)이다. 좌의정(左議政)을 지낸 청음(淸陰, 휘: 尙憲)의 손자이며, 동지중추부사(同知中樞府事) 광찬(光燦)의 아들로 대사동(大寺洞)에 있는 외갓집에서 태어났다.

그는 5세 때 어머니 연안김씨(延安金氏: 延興府院君 金悌男의 孫女)를 여의고 외할머니 초계정씨(草溪鄭氏)를 따라 원주(原州)에 가서 양육되다가 외할머니마저 세상을 뜨자 아버지를 따라 소산(素山)에 내려가서 처음으로 할아버지(淸陰)를 만나 뵙고 글을 배웠다. 그 후 할아버지마저 왕명으로 청나라 심양에 들어가 억류되자 다시 서울로 올라와서 과거에 응시하였다. 그리하여 1646년(인조24)에는 18세의 나이로 사마시(司馬試: 進士試)에서 장원(壯元)을 하였고, 23세 때인 1651(효종7)에는 알성문과(謁聖文科)에서 장원급제하였고 28세인 1656년(효종 7)에는 중시(重試)에 합격하여서 통정대부(通政大夫)에 가자(加資)되였다. 이때 대제학 채유후(蔡有後)의 선발로 호당(湖堂)에 들어가 사가독서(賜暇讀書)를 하기도 하였다. 그 후 순탄하게 승진되어 31세 때인 1659년(효종10)에는 가선대부(嘉善大夫), 34세 때인 1661(현종2)에는 자헌대부(資憲大夫)의 품계를 받았다.

44세 때인 1671년(현종12)에는 우의정(右議政), 좌의정(左議政)을 지냈고, 52세 때인 1680년(숙종6)에는 영의정(領議政)을 지냈다.

이 시대에는 당쟁이 격화되고 있던 시기라서 어느 쪽이던 자기의 의견을 피력하지 않을 수 없었고 거기에 따라서 어느 파로 지목되곤 하였다. 문곡은 우암(尤庵) 송시열(宋時烈)과 함께 서인(西人)의 입장을 주도해 나갔다.

1659년(효종10) 효종이 승하하고 자의대비복상문제(慈懿大妃服喪問題)가 일어났다. 처음엔 서인의 뜻을 따라 기년(朞年: 만 1년)으로 정하고 곧 현종이 즉위하였다. 이듬해인 1660년(현종 원년)에는 남인 허목(許穆) 등이 상소하여 대비(大妃)의 상복에 대하여 3년설을 주장하며 서인을 맹렬히 비판하였다. 서인과 남인이 서로 자기의 주장을 하다가 결국에는 서인의 기년설이 채택되었다. 그러나 1674년(현종15) 효종의 인선대비(仁宣大妃: 張氏)가 승하하자 앞서 자의대비의 복상문제가 또다시 불거져서 논쟁이 벌어졌다. 이때 서인은 대공설(大功說: 9個月), 남인은 기년을 주장하다가 남인의 기년설이 채택되어 득세하게 되었다. 문곡은 자의대비복상문제가 있을 때에는 도승지(都承旨)로 서인의 우암(尤庵)과 동춘(同春)의 기년설을 통렬히 비판하는 윤선도(尹善道)의 상소를 보고 윤(尹)을 처벌하고 동춘(同春)의 낙향(落鄕)을 만류할 것을 주청하였고 영남유생의 상소도 배척할 것을 주장하였다. 또 1674년(현종15) 효종이 인선대비(仁宣王后)의 복상문제(服喪問題)가 생겼을 때에는 판중추부사(判中樞府事)로 있으면서 대공설을 주장하였으나 죄를 받지 않고 오히려 좌의정(左議政)에 임명되어 현종의 고명(顧命)을 받았다. 뒤이어 등극한 숙종은 복제문제(服制問題)는 남인의 주장을 두둔하고 서인을 배척하여 우암(尤庵)을 유배시켰지만 문곡은 오히려 우대를 받아 좌·우의정에 번갈아 제수되었다. 그러나 복창군형제(福昌君兄弟)의 사건을 논하다 영암(靈巖)에 귀양 갔다가 1680년(숙종6)에 배소에서 올라와서 옥사를 다스리고 영의정(領議政)에 제수되었다. 1689년(숙종15)에는 진도(珍島)에 정배되고 결국 그곳에서 사사되었다.

그러면 『기사유교(己巳遺敎)』는 무엇인가? 문곡은 기사년(己巳年)에 태어나서 기사년에 서세하였으니 꼭 일 갑자를 살았다. 그가 윤휴(尹鑴) 등의 간계로 모함을 받아 진도(珍島)에 유배되었다가 1689년(숙종15) 4월 9일 후명(後命)을 받기 직전, 아들 창집(昌集: 夢窩), 창협(昌協: 農巖), 창흡(昌翕: 三淵), 조카 창직(昌直: 校理), 처남 나량좌(羅良佐: 明村) 등이 유배소(流配所)에 와 있었다. 기사유교는 임사(臨死)에 문곡이 아들들에게 남긴 말씀과 아들들과 처남과 문답한 내용이다.

원래는 한문(漢文)으로 『임명일기(臨命日記)』라는 제목으로 셋째 아들인 삼연(三淵: 昌翕)이 기록하였던 것을 후대에 이를 남녀노소 모두에게 알리기 위해 한글로 번역하였다. 아마 겸자항렬(謙字行列)때 즈음 어느 분이 번역하여 여러 권이 필사(筆寫)되었을 것으로 본다.

편역자소장(編譯者所藏) 국문판 『기사유교(己巳遺敎)』를 『임명일기(臨命日記)』와 대조한 바 완전 번역임이 확인되었다. 다만 『기사유교(己巳遺敎)』는 『임명일기(臨命日記)』의 약 2/5정도밖에 번역되지 않은 미완성 본이다. 따라서 나머지 3/5는 역자가 「임명일기」(漢文原本, 『安東金氏文獻錄』地, 1975, 昌文女高編)를 보고 번역하여 완성하였다.

내용은 기사년 4월 초 5일부터 여러 아들들과 친인척이 모인 가운데 자신의 평생소회를 아들, 조카, 처남과 문답한 형식으로 적은 글이다.

4월 5일 저녁식사 후에 후명(後命)이 내릴 것이라는 급보를 받고 조용히 침실에 들어가 여러 아들들에게 "나는 늘 학문에 정진코자 하였으나 이를 이루지 못한 것이 한이고, 또 산수를 좋아하여 벼슬보다 한가하게 명승(名勝)과 함께할까 하였으나 이 역시 이루지 못하였다."고 말하고 "내 재주와 덕이 적은데도 여러 번 과거에 장원하고 오랫동안 문형(文衡)을 맡았으니 오늘 화를 입는 것이 마땅하다."고 전제하였다.

그 다음에 사후에 대한 분부를 조용히 하였다. 먼저 자신의 장사(葬事)에 대하여 언급하였는데 "바로 고향의 선산에 가기가 어려울 것이니 영암구림(靈巖鳩林)에 우장(寓葬)을 하였다가 형세를 보아 네 동생(澤齋)무덤 가까운 곳에 무덤을 옮겨 혼백이라도 서로 의지하게 해 달라."하고 설령 신산(新山)의 길지(吉地)를 얻더라도 선산 근처를 원하였다. 그리고 몽와(夢窩)와 농암(農巖)이 "어머니를 모시고 영평(永平)으로 갈까요?"라고 묻자 "영평(永平)은 내가 유의한 곳이다. 너의 형제 중 누가 가서 살면 좋겠다."는 등의 뜻을 피력하였다.

또 손녀 필영(必英: 李彦臣妻) 모녀를 잘 돌보고 손자 춘상(厚謙), 이상(濟謙)이가 다른 아이들과 다르니 잘 가르치라고 당부하였다.

또한 조고언행록(祖考言行錄)을 완성하고 선고(先考)의 분묘에 대한 세세한 분부, 금상(今上)에게 시약(侍藥)했던 일, 본인에 대한 묘도문자(墓道文字)에 관한 의견, 문집산정(文集刪定)에 관한 의견, 자신의 출생, 성장, 수학, 할아버지의 훈육(안동에서) 등을 말하였다.

초 6일 여러 며느리들에게 영결서(永訣書)를 써서 주었는데 손자들을 잘 보호해 달라는 부탁을 하고 사위 이섭(李涉)과 생질 이세백(李世白), 이유(李濡) 등에게도 영결서를 보냈다. 그리고 삼연(三淵), 명촌(明村)과 과거를 회고하고 앞일을 의논한 뒤 침실에 들어서 여러 아들들에게 윤휴와 장희재가 꾸민 일을 논핵하면서 모두 소인배(少人輩)들의 논의라 하였다.

초 7일 농암(農巖)과 묘문문제(墓文問題)를 상의하고 막내아들 택재(澤齋)의 유고편집(遺稿編輯) 등 여러 가지 분부들을 하였다.

초 8일 농암(農巖)이 입사(入侍)하자 딸 묘문(墓文)을 걱정하고 누이동생(宋奎濂의 아내)에게 영결서를 썼다. 그리고 농암(農巖)에게 할아버지인 청음(淸陰)의 품성을 자세히 일러주고 심지어 식성(食性)까지 다 언급하였다. 그리고 몽와(夢窩), 삼연(三淵)과 집안일에 관한 문답으로 하루를 보냈다.

초 9일 이제 수명을 준비하고, 명촌(明村), 농암(農巖), 삼연(三淵). 노가재(老稼齋)와 통곡하며 영결(永訣)하는 장면이 읽는 이로 하여금 눈물이 나게 한다.

목차

- 부록

- 원문

기사유교

기사유교(己巳遺敎)

아들 창흡(昌翕) 기술

기사년(1689) 4월 5일

기사년(1689) 4월 초 닷새 날 저녁식사를 마치고나자 연락을 맡은 사람이 황급히 뛰어 와서 후명(後命)[1]이 내려온다는 소식을 전하였다.

이 소식을 전해들은 온 집안 식구들은 상심해서 가슴을 치며 통곡하는데 아버지께서는 조용히 침실로 들어가 앉으셔서 아들들에게 말씀하시기를

"내 일생의 모든 일은 끝났다. 오늘 내게 닥친 이 일은 조금도 괴이한 일이 아니다. 단지 내 어렸을 때부터 학문에 뜻을 두었으나 의지가 강하지 못하여 습관대로 머뭇거리며 시간을 끌었다. 그러나 내 마음은 한결같이 학문에 있었지 이 자리에 있지 않았다. 스스로를 생각해보니 내 타고난 바탕과 성질이 지경(持敬) 한 가지에만 힘써왔는데 나의 이런 견해가 장점만은 아니다. 늘그막에 더욱 정진하여 조금이라도 학문이 진전되기를 바랐는데 이제는 어쩔 수 없게 되었구나. 이것이 매우 한스럽다."

또 말씀하시기를

---

1) 후명(後命): 유배당한 죄인에게 사약을 내려 죽임.

"나는 일찍이 벼슬길에 나섰으나 관리가 되는 것은 그리 중요하지 않았다. 또한 내 성품이 산과 물을 좋아하였으나 명리에 얽매여서 한가한 곳으로 물러나는 소원을 이루지 못하고 이에 이르렀다.

나는 본래 재주와 덕이 없는데 명성과 관위(官位)는 분수에 넘쳤고, 문사(文辭)가 어찌 다른 사람보다 나으랴마는 여러 번 과거에 장원(壯元)을 하였다. 오랫동안 대제학(大提學)[2]을 맡아 최고의 영전을 누렸으니 이것이 오늘의 화를 불러 온 것이 아닌가 생각된다.

나는 식량(識量)과 재주가 모자라는데 오랫동안 있어서는 안 될 자리를 탐내었다. 힘은 적은데 책임은 중하였으니 스스로 저지른 허물이 한둘이 아님을 알고 있다. 그렇지만 살뜰히 임금님을 사랑하는 정성 하나만은 내 스스로 신명(神明)에게 맹약할 수 있다. 평생 다른 사람을 해하거나 물건을 공연히 해하고자 하는 마음을 가져본 적이 없었으며 전후(前後)하여 옥사(獄事)를 다스리라는 명령을 받고 시행할 때에는 밝게 살폈으나 다소 미치지 못한 부분이 있었다. 만약에 출입에 인정을 베풀고 오로지 무고한 죄를 씌워 죽였다면 빨리 끝냈겠지만 차마 할 수 있는 일이 아니었다.

앞으로 닥칠 세상의 분위기가 이 지경에 이르렀으니 돌아가는 방향을 명백히 알겠다. 고향(故山)[3]에 돌아가 장사(葬事)를 치르기에는 창졸간(倉卒間)이라 어려울 것이다. 이번에는 영암(靈巖) 구림(鳩林)[4] 등지에 우장(寓葬)[5]하였다가 조용히 세상 돌아가는 사정을 살피는 것이 좋을 것이다. 조만간에 귀장(歸葬)을 하게 된다면 부디 네 아우(昌立)[6] 무덤 가까운 곳에 터를 잡아서 혼백(魂魄)이

2) 대제학(大提學): 정 2품관이지만 학문과 도덕이 뛰어나고 가문에도 하자가 없는 석학(碩學), 석유(碩儒)만이 오를 수 있는 중요한 관직이다. 문형(文衡)이라고도 한다.

3) 고산(故山): 고향, 고국

4) 영암구림(靈巖鳩林): 영암은 전라남도 영암군의 군청소재지. 1979년 5월 1일 면에서 읍으로 승격. 구림은 군서면 구림리이다. 이 마을에 왕인(王仁)박사 유적지가 있다.

5) 우장(寓葬): 타향에 임시로 장사함.

6) 아우(昌立): 막내아들인 창립(昌立)이다. 1666년(顯宗 7) 8월 22일 태어나서 1683년(肅宗 9) 12월 26일 18세를 일기로 조사하였다.

라도 서로 의지하게 하여라.

나의 소원은 항상 선영(先塋) 근처에 묻히고자 하여 마음먹고 경영한지 이미 오래되었다. 비록 두서너 곳 표(標)를 해놓은 곳이 있기는 하나 보통 사람의 눈으로 보아도 쓸만한 곳이 없는 듯 하고 밤뒤(栗北)[7] 신산(新山)에 잡아둔 두 혈(穴)이 있으나 모두 쓸만하지 못할 것이다. 만약에 먼저 부득이 새로 터를 찾는 일이 있어서 혹시 터를 얻더라도 선영에서 그리 멀지 않은 곳이면 다행이거니와 끝내 얻지 못하여 먼 곳에 정한다면 네 아우 무덤을 홀로 버려두지 못할 것이니 새로 정한 터가 있는 산으로 옮겨야 할 것이다."

창업(昌業)[8]이 말씀드리기를

"새로 터 잡은 산이 선영(先塋)[9]에서 아주 멀지 않은 곳에 있어도 망제(亡弟: 昌立)의 무덤을 옮길까요?"

라고 물으니 말씀하시기를

"만일 수리(數里) 사이면 구태여 옮길까마는 수십 리 밖이면 묘수호가 어려워 종래에는 외로울까 염려되니 옮겨야 할 것이다."

창업이 말씀드리기를

"하교(下敎)가 이러하시니 마땅히 따라야 하겠습니다. 다만 염려되는 것은 동생이 묻힌 곳이 안온(安穩)한데 다른 데는 이만한 곳이 없습니다. 다른 곳을 찾는다 하여도 이만한 곳을 달리 얻기 어려울 듯 하고 또 선영에서 그리 멀지 아니하며 또 계후(繼後)[10]가

---

7) 밤뒤: 율북(栗北) 지명임.

8) 창업(昌業): 1658년(효종 9) 2월 2일에 태어나서 1721년(景宗 1) 12월 12일에 서세하셨으니 향년 64세였다. 자는 대유(大有) 호는 가재(稼齋) 노가재(老稼齋). 영의정 수항(壽恒)의 넷째 아들. 스물 네 살에 진사급제를 하고 동몽교관(童蒙敎官)을 제수하였으나 받지 않았다. 뒤에 이조참의(吏曹參議)에 추증(追贈)되었다. 시문(詩文)과 그림에 뛰어났다. 화양서원(華陽書院)에 모신 송시열(宋時烈)의 화상은 가재가 그린 것을 화공이 전사(傳寫)한 것이다. 형 **몽와(夢窩) 창집(昌集)을** 따라서 1712년(肅宗 38)에 북경에 다녀와서 기행문인 연행록(燕行錄)을 썼다. 저서로는 노가재집(老稼齋集) 5권과 연행록 6권이 있다.

9) 선영(先塋): 양주(楊州) 석실(石室) 또는 금촌(金村).

10) 계후(繼後): 생전이나 사후에 계통(系統)을 잇게 하는 양자.

있으니 장래에 아주 외로운 땅이 되지 않을 것입니다. 새로 터를 잡을 산에 남은 묘터가 꼭 있으리라 장담할 수도 없습니다. 그러면 이장(移葬)하기가 쉽지 않을 것입니다. 어떻게 해야 할까요?"

말씀하시기를

"네 아우 무덤과 서로 멀리 떨어지지 않고자 함이 나의 심정이다. 새로 터 잡을 산에 남은 묘터가 대략 전에 묻힌 터보다 못하다면 네 동생 묘와 같은 산에 옮겨도 될 것이다."

창업이 말씀드리기를

"새로 선택한 산이 조금 먼 곳에 있다면 망제(亡弟: 昌立)의 무덤을 마땅히 옮겨야 합니다. 다만 남은 묘터에서 해가 없는 곳을 얻기 어려울 경우에 저희들이 별도로 새로 수십 리 내에 길지(吉地)[11]를 얻는다면 비록 한 국내(局內)가 아니더라도 무방하지 않을까요?"

말씀하시기를

"옛 사람이 말씀하시기를 '혼기(魂氣)는 못가는 데가 없다'고 하였다. 과연 길지(吉地)를 얻는다면 수십 리 사이를 어찌 멀다 하겠는가? 이런 형세(形勢)는 미리 예단하기 어려우니 어찌 형편에 따라 하지 않으리. 그러나 부디 서로 가깝게 함을 위주로 하는 것이 좋겠다. 앞서 새로운 산을 구하여 만일 해가 없는 땅을 선영과 가까운 곳에 얻으면 참으로 다행이지만 쉽지 않을 듯하다. 비록 수십 리 사이에 얻더라도 땅이 과연 길(吉)하고 혈(穴)이 여분이 있어서 누어 대(代) 장사(葬事)를 지낼만 하다면 그곳에 묘터를 잡음이 옳을 것이다."

창업이 말씀드리기를

"설사 백리 밖이라도 뜻하는 바와 맞는 곳이면 쓸까요?"

말씀하시기를

"백리를 벗어나면 너무 멀다. 그러나 가까운 곳을 버리고 먼 곳

---

11) 길지(吉地): 명당(明堂), 아주 좋은 묏자리.

을 취하는 것은 분명히 나은 곳일 것이니 가하다. 산소자리를 구하는 데는 다만 평온하여 무해(無害)한 곳을 얻음이 가하다. 꼭 대지(大地)를 얻으려는 것은 옳지 않다.

창집(昌集)[12]과 창협(昌協)[13]이 울면서 말씀드리기를

"후일 어머니[14]를 모시고 북쪽으로 돌아가려는데 당연히 목동(木洞)[15]으로 돌아가야 하지만 영평(永平)[16] 같은 데는 예부터 좋아하시던 땅이니 그 곳으로 돌아갈까요?"

대답하시기를

"영평은 본래 내가 뜻을 두었던 곳이라 늘 한 번 그곳에 돌아가고자 하였으나 뜻을 이루지 못하였다. 그 땅은 황벽(荒僻)[17]하고 생리(生利)[18]도 좋지 못한 곳이다. 별안간 온 집안 식구가 다 가지는 못하여도 너의 형제 중 누구라도 조만간 거기 가서 살아서 그 곳을 버리지 않으면 다행이다. 필영(必英)이 모녀[19]는 내 비록 당

---

12) 창집(昌集): 1648년(仁祖 26) 10월 29일 출생하여서 1722년(景宗 2) 4월 29일 성주(星州)에서 사사(賜死)되었다. 자는 여성(汝成), 호는 몽와(夢窩). 시호는 충헌(忠獻). 영의정 수항(壽恒)의 아들. 1673년(顯宗 14) 26세에 진사시에 급제하고 1684년(肅宗 10) 공조좌랑(工曹佐郞)으로서 문과에 급제하여 병조참의(兵曹參議)에 이르렀으나 아버지(壽恒)가 기사환국(己巳換局) 때 진도(珍島) 유배지에서 서세하자 관직에서 물러나서 숨어버렸다. 1694년(肅宗 20) 정국이 변화되어 영의정이 되었다. 숙종 말년에 동궁(東宮)의 청정을 주장하다가 소론들에게 탄핵되었으며 1721년(景宗元年)에는 왕제(王弟) 연잉군(延礽君)을 받들어 세제(世弟)로 삼았으나 소론파(柳鳳輝 등)의 반대로 거제에 유배되었다가 사사되었다. 후에 영조가 즉위하자 관직이 회복되었다.

13) 창협(昌協): 1651년(孝宗 2) 1월 2일에 태어나서 1708년(肅宗 34) 4월 11일에 서세하였다. 자는 중화(仲和), 호는 농암(農巖), 시호는 문간(文簡). 영의정 수항의 아들 영의정 창집의 동생. 1669년(孝宗 10)에 19세로 진사에 급제하고 1682년(肅宗 8)에 문과에 장원하여 대사성과 청풍부사(淸風府使)에 이르렀으나 1689년(肅宗 15) 기사환국 때 아버지가 진도 적소에서 사사되자 벼슬을 단념하였다. 대제학, 예조판서 등으로 여러 차례 등용하려 하여도 끝내 사양하였다.

14) 어머니: 정경부인(貞敬夫人) 안정나씨(安定羅氏). 1630년(仁祖 8)에 태어나서 1703년(肅宗 29) 6월 22일에 서거하였다.

15) 목동(木洞): 지금의 통의동(通義洞) 근처에 있던 송목동(松木洞)으로 추정된다.

16) 영평(永平): 경기도 포천군(抱川郡)에 있는 지명. 옛날에는 영평현이었다.

17) 황벽(荒僻): 거칠고 외진

18) 생리(生利): 이익이 나게 함.

부하지 아니하여도 너희들이 응당 잘 돌볼 것이라 믿는다. 춘상(春祥: 厚謙)[20]이는 어리나 반드시 성공할 것이다. 내 뜻을 전하고 옥동(玉洞)[21] 집을 주도록 하라. [필영(必英)이는 죽은 아우(昌立)의 딸이며 춘상(春祥)이는 후겸(厚謙)의 아명(小字)이다.] 이상(鯉祥: 濟謙)[22]이는 다른 아이들과 다르고 사람됨이 되어서 내 늘 목동(木洞) 집으로 데려가서 직접 가르쳐서 성취시키려 하였으나 결국 뜻대로 하지 못하였으니 한탄스럽구나."[이상(鯉祥)이는 제겸(濟謙)의 아명이다.]

"너희들은 통한(痛恨)이 몸에 배어 있을 것이니 어찌 세로(世路)[23]에 다시 나갈 뜻이 있겠는가마는 그러나 손자들은 부지런히 가르쳐서 사람 되게 하여야 할 것이다. 옛 사람들이 말하지 않았느냐. 독서종자(讀書種子)[24]는 끊지 말라고 하였으니 응당 이 뜻을 생각하여 잘 가르쳐서 충효에 대한 문헌(文獻)의 가르침을 잊지 말게 하여라. 너희들 정리상(情理上) 한없는 슬픔에 빠져들겠지만 그러나 위로는 병드신 어머니가 계시니 마음 내키는데로 아무렇게나 하여 멸성(滅性)[25]에 이르러서는 안 된다. 항차 창업(昌業)과 창즙

---

19) 필영(必英)이 모녀: 필영이는 일찍 세상을 뜬 막내아들(澤齋 昌立)의 외동딸. 이언신(李彦臣: 延安人 縣令)의 처(妻). 필영이 모(母)는 완산이씨(完山李氏)인데 1666년(顯宗 7)에 태어나 1746년(英祖 22) 6월 25일 향년 81세로 서거하였다. 대제학 문간공(文簡公) 민서(敏叙)의 따님이며 좌의정 원두표(元斗杓)의 외손녀였다.

20) 춘상(春祥: 厚謙의 아명): 1687년(肅宗 13) 1월 13일 태어나서 1727년(英祖 3) 3월 23일 서세하였다. 자는 돈보(敦甫). 문음으로 장예원사평(掌隷院司評)을 지냈다. 삼연(三淵) 창흡(昌翕)의 셋째 아들로 태어나서 막내 숙부 택재(澤齋 昌立)의 후사(後嗣)로 들어갔다.

21) 옥동집(玉洞第舍): 문곡(文谷)이 별도로 소유하던 집인 듯하나 현재의 위치는 상고하기 어려움.

22) 이상(鯉祥: 濟謙의 아명): 1690년(肅宗 16) 5월 13일에 태어나서 1722년(景宗 2) 8월 24일 부령(富寧)에서 사사되었다. 자는 필형(必亨), 호는 죽취(竹醉). 1705년(肅宗 31)에 진사가 되고 1719년(숙종 45) 문과급제하여 벼슬이 우부승지(右副承旨)에 이르렀다.

23) 세로(世路): 세상에서 살아가는 길.

24) 독서종자(讀書種子): 책 읽는 가풍(家風).

25) 멸성(滅性): 친상을 당하여 지나친 슬픔으로 자기의 성명(性命)을 잃음.

(昌緝)[26]은 병들어 여위어도 평상시에는 늘 늠늠(凜凜)하던 것이라서 내 더욱 염려하지 않을 수 없었으니 부디 내 이 뜻을 받아 몸을 보전토록 하여라."

창즙(昌緝)이 대답하기를

"응당 하교를 받들어 앞으로는 고기를 먹겠습니다."

말씀하시기를

"네가 진실로 그리 한다면 내 근심이 없겠다."

창직(昌直)[27]이 달려와서 뵈오니 말씀하시기를

"네가 오는 것이 늦지 않아 다행이다. 이렇게 와서 얼굴을 맞대고 이별하기 쉽지 아니한데 하물며 이 절해(絶海)에 와서 이런 변고(變故)를 당하여 모든 일을 부탁할 곳이 없어 매우 민망하였는데 네가 이렇게 와서 참으로 다행이다. 백씨(伯氏: 壽增)[28]는 타고난 성품이 돈후(敦厚)하시니 반드시 장수(長壽)를 누리실 것이다. 불행히도 거듭 슬하(膝下)에 슬픔을 당하시고 지금 또 나의 변고로 쇠약해진 신체에 무한한 아픔을 더해 주었으니 이것이 한스럽고 한스럽구나."

하시고 등불을 밝히라 하시고 고결서(告訣書)[29] 두 장을 써서 백

---

26) 창즙(昌緝): 1662년(顯宗 3) 9월 28일에 태어나서 1713년(肅宗 39) 5월 3일에 서세하였다. 자는 경명(敬明), 호는 포음(圃陰). 1684년(肅宗 10) 생원이 되고 왕자사부(王子師傅)와 예빈시주부(禮賓寺主簿)에 천거되었으나 취임하지 않았다. 문곡(文谷)의 다섯째 아들이다.

27) 창직(昌直): 1653년(孝宗 4)에 태어나서 1702년(肅宗 28) 8월 17일에 서세하였다. 자는 계달(季達). 1686년(肅宗 12)에 문과에 급제하여 벼슬이 홍문관교리(弘文館校理)에 이르렀다. 문곡선생의 큰집 셋째 조카이다.

28) 백씨(伯氏: 壽增): 1624년(仁祖 2) 4월 14일에 출생하여 1701(肅宗 27) 3월 4일에 서세하였다. 자는 연지(延之), 호는 곡운(谷雲), 1650년 생원시에 합격하여 익위사세마(翊衛司洗馬), 여러 조(曹)의 정랑(正郞)을 거쳐 성천부사(成川府使)로 있다가 1675년(肅宗 元年) 동생 수항과 송시열(宋時烈)이 유배됨을 보고 춘천의 곡운(谷雲)에 들어가 숨어 살았다. 동생 수흥(壽興)과 수항(壽恒)이 모두 귀양가서 죽게 되자 은거하기로 작심하였다. 1694년(肅宗 20)부터 한성좌윤(漢城左尹), 공조참판(工曹參判) 등의 벼슬을 내렸으나 숨어 살았다. 좌의정 상헌(尙憲)의 손자요 영의정 수흥, 영의정 수항의 형이다. 원래 성품이 조용하여 독서를 즐겼다.

29) 고결서(告訣書): 영결을 고하는 글.

씨(伯氏: 壽增)[30]와 중씨(仲氏: 壽興)[31]에게 전하도록 하였다.

이 때 백씨에게 쓴 고결서는 다음과 같다.

「큰 형님께 영결을 고합니다.
오늘의 화는 스스로 헤아렸던 바로 저의 모든 일은 끝났으며 죽음 또한 어찌 한하리오. 부득이 다시 절을 올리며 영결을 고합니다. 봉래산(蓬萊山)이 더욱 더 모연하여 생사마저 듣지 못하니 이것이 한 맺힙니다. 막 조카가 당도하여 손수 쓰신 서한을 받아 보니 이 가슴이 조금 위로가 됩니다. 후사는 걱정할 것이 아니지만 여러 아이들이 병약하여 보전치 못할까 두렵고 병든 어미도 보호해야하니 선산으로의 반장(返葬)은 실로 가망이 없습니다. 모든 일은 오직 형님께서 지휘하고 훈계함에 달려있습니다. 공무에 바쁘시더라도 가 일층 신체보중하시기 축수하며 대충 적습니다.
살펴보시기 바랍니다.

기사년 4월 초 5일 밤」

- 《안동김씨문헌록》 갑편 28 〈문충공부군〉 9에서 -

이 때 중씨에게 쓰신 고결서는 다음과 같다.

「중형께 영결서를 올립니다.
저의 오늘의 죽음은 스스로 헤아렸던 바로 모든 일은 끝이 났으니

30) 백씨(伯氏: 곡운(谷雲)공 수증(壽增)이다.

31) 중씨(仲氏: 壽興): 1626년(仁祖 4) 10월 26일에 태어나서 1690년(肅宗 16) 10월 12일에 정배지 장기(長鬐)에서 객사(客死)하였다. 자는 기지(起之), 호는 퇴우당(退憂堂), 시호는 문익(文翼). 1648년(仁祖 26) 진사시에 1위로 합격하고, 1655년(孝宗 6) 문과에 급제하였으며 그 이듬해 동생과 같이 중시(重試)에 뽑혔다. 여러 직을 두루 거쳐서 1666년(顯宗 7), 호조판서로 있다가 동생(壽恒) 대신 우의정이 되었다. 1674년(顯宗 15) 영의정이 되었으나 대왕대비(大王大妃)의 복제 문제로 남인들의 공격과 왕의 노여움을 사서 벼슬길에서 물러났고 현종이 승하하자 춘천에 정배되었다가 이듬해 돌아왔다. 숙종이 즉위하자 다시 등용되어 영중추부사에 임명되었다. 그러나 1689년(肅宗 15) 기사환국(己巳換局)때 왕세자 계승문제로 장기로 유배가게 되었다.

다시 무엇을 한하겠습니까? 동남방이 아득하여 다른 나라와 같으니 부득이 절 올리며 영결을 고합니다. 마음 속 한 맺힘은 오직 상면하지 못하고 떠남 뿐입니다. 예부터 지금까지 평생을 본래 벼슬에 관심이 적었으나 벼슬자리가 계속 내려져서 퇴관하려 하여도 허가받지 못하고 이에 이르렀으니 위로 선조의 유훈을 저버렸고 아래로 초심(初心)을 어겨 부끄러워도 어쩔 수 없게 되었으니 말해서 무엇하리오. 여러 아이들은 모두 병약하고 또한 병든 어미는 더 살 것 같지 않고 이 고독한 바다 밖에서 머물기는 더욱 어려우니 관심을 갖지 않을 수 없으나 백씨와 형님이 모두 각 처의 멀고 궁벽한 곳에 계셔서 모든 일을 지도해 달라고 부탁할 수도 없으니 어이할꼬 어이할꼬 이 한 통의 서한으로 영결하오니 옥체보중을 축수하며 다음 세상 저승에서도 건강하시기를 바라겠습니다. 대충 적습니다. 살펴보시기 바랍니다.

기사년 4월 초 5일 밤」

-《안동김씨문헌록》갑편 28〈문충공부군〉9에서 -

바깥에 있는 작은 방으로 나가시니 안시태(安始泰)[32]가 들어와서 통곡하며 말하기를

"천하에 어찌 이런 일이 있을 수 있습니까? 소생(小生)이 이런 줄 알았으면 어찌 천리나 먼 길을 참아가며 달려와서 이런 참상을 보겠습니까?"

대답하시기를

"오늘 일은 내가 안지 오래되었네. 어찌 괴이하게 여기겠는가? 다만 이 절해고도(絶海孤島)에 와서 사방에 가까운 친척이라고는 없고 여러 아이들은 모두 병약하여 돌봐줄 사람이 없어서 장사에 관한 모든 일을 예를 갖추기 더욱 어려웠는데 요행히 자네가 멀리서 와주어서 모든 일을 의탁하게 되었으니 매우 기쁘다."

32) 안시태(安始泰): 측근에서 돕던 녹사.

하시면서 창직에게 말씀하시기를

"할아버지 언행록(言行錄)[33]을 백씨(壽增)와 중씨(壽興)는 이미 다 쓰셨으나 나는 일이 많아서 우물거리다가 이루지 못하고 오늘에 이르렀다."

하시면서 작은 상자를 가져와서 종이 한 장을 꺼내서 말씀하시기를

"이것은 지난해에 백씨(壽增)가 기록한 것이고 내가 그 가운데 약간 첨산(添刪)한 것이 있다."

하시고 붓을 들고 첨가(添加)한 각 조(條)에 점을 찍어 표시하셨다.

또 창직에게 말씀하시기를

"조금 전에 돌아가신 아버지와 어머니의 분묘(墳墓)[34]에 대한 일로 창업과 문답하였다. 이제 다시 너에게 말하겠다. 돌아가신 어머니 묘지는 너무 지세(地勢)가 낮아서 보통 사람의 눈으로 보아도 진혈(眞穴)[35]이 아닌듯하여 선영(先塋) 내에 족장(族葬)[36]을 하였으니 그 후 수십 년간 큰 재앙이 없었고 무신년(1668) 합장(合葬)[37]할 때 구광(舊壙)은 파지 않았으나 신광(新壙)이 깨끗하여 다른 탓할 것이 없으므로 달리 염려할 것이 없다고 하였다. 그 후 지사(地師)[38]가 와서 보고 비록 하자가 많다고 하였으나 우리 집안은 풍수설(風水說)을 좋아하지 아니하여 중대한 일이지만 모두

---

33) 조고언행록(祖考言行錄): 좌의정 상헌(尙憲)의 언행록.

34) 선고비분묘(先考妣墳墓): 선고(先考)는 휘가 광찬(光燦)이다. 1597년(宣祖 30) 12월 19일에 태어나서 1668년(顯宗 9) 2월 24일에 서세하였다. 자는 사회(思晦)이고 1627년(仁祖 5) 생원이 되었고 여러 고을을 맡아 다스렸는데 치적이 뛰어났다. 동지중추부사로 관직생활을 마쳤으며 사후에 영의정으로 증직되었다. 선비(先妣)는 증정경부인(贈貞敬夫人) 연안김씨(延安金氏)인데 1596년(宣祖 29)에 태어나 1633년(仁祖 11) 10월 13일 서세하였다. 아버지는 목사(牧使) 래(琜)이고 할아버지는 국구(國舅) 연흥부원군(延興府院君) 제남(悌男)이다.

35) 진혈(眞穴): 진짜 명당.

36) 족장(族葬): 가족묘지

37) 무신년합장(戊申年合葬): 곧 1668년(顯宗 9)인데 이 해는 동지중추부사공(光燦)이 서세하신 해이므로 먼저 돌아가신 증정경부인과 합장한 것이다.

38) 지사(地師): 감여가(堪輿家). 풍수가라고도 한다. 또는 지가(地家). 방위의 길흉을 점치는 사람.

겉으로 드러내어 말하지 않았다. 그러나 계축년(1673) 이후로 집안에 참상(慘喪)이 연이어 일어나고 오늘 나의 참화(慘禍)에 이르렀다하여 어찌 감히 선영의 불길을 탓하리오마는 지가(地家)의 말로는 조상의 체백(體魄)이 편안하면 자손이 화를 입는 사람이 없다고 한다. 이치가 혹여 그렇다고 하면 자손의 화복(禍福)은 논하지 않더라도 어찌 급한 일이 아니겠는가? 우리 집은 본래 풍수를 좋아하지 않았다. 지금 세상에는 천장(遷葬)[39]이 성행하여 나쁜 풍속이 되었으니 내 일찍부터 이것을 싫어하는 바이다. 그러나 선세(先世)의 일을 말한다면 부득이한 일이 있어도 옮기지 않았다. 삼가증조부(三嘉曾祖父)[40]님 같으면 처음에는 모처(某處)에 장사지냈는데 지사(地師)가 풍수상 나쁜 부분이 많다고 하였고 보통사람의 눈으로 보아도 좋지 않은듯 하여서 지금의 묘혈(墓穴)로 옮겨 썼다. 지사가 처음에 말하기를 '이 새로 쓸 묘혈은 마땅히 세 명의 귀자(貴子)가 날 것이다.'라고 하더니 산소를 옮겨 쓴 후 과연 지사의 예언대로 우리 3형제가 수년 내에 태어났다. 지금 이 선대의 묘소가 풍수지리상 흠이 있다고 말하였다면 대략 혈해(穴害)가 있음인즉 체백(體魄)이 편안해야한다는 도리에는 변통이 없다는 것이다. 너는 모름지기 조용하게 백씨(壽增)에게 말씀드려서 잘 생각하셔서 선처(善處)하시도록 함이 좋을 것이다."

여러 손자들의 이름과 자(字)를 지으시고 손수 차례대로 쓰셨다.

"내 어릴 적에 담명가(談命家)라는 사람이 말하기를 50세를 넘지 못할 것이라 하더니 뜻밖에 회갑(回甲)까지 왔으니 늘 내 스스로 괴이하게 여겼다. 지금 과연 이와 같구나."

새벽에 곡전자(曲顚子)[41]에서 인명에 관한 괘를 뽑았더니 쌍난분

39) 천장(遷葬): 천묘(遷墓). 무덤을 다른 곳으로 옮김.

40) 삼가증조부(三嘉曾祖父): 삼가현감을 지낸 문곡의 증조할아버지 대효(大孝)이다. 1531년(中宗 26)에 태어나서 1572년(宣祖 5) 5월 20일 서거하였다. 음(蔭)으로 삼가현감(三嘉縣監)을 지냈다. 사후에 영의정으로 추증되었다.

41) 곡전자(曲顚子): 명서(命書)의 하나이다.

비해서두(雙鸞分飛海西頭)[42]란 글귀가 나왔다. 이를 집어들고 읽으시고 "과연 맞도다."라고 하셨다.

창협이 말씀드리기를

"아버지께서는 금상(숙종)이 어릴 때부터 보도(輔導)[43]의 직임을 맡아 은의(恩意)가 각별하고 또 선왕(先王)의 고명(顧命)[44]을 받아서 경신년(1680)이후[45] 대접함이 더욱 융성하였다고 들었습니다. 천연두[46]를 앓으실 때에는 탕약(湯藥)을 시중들매 온 근력을 쏟은 것이 예삿일에 비할 바가 아니었는데 일찍이 이 일로 금상의 고념(顧念)[47]을 입지 못하셨으니 어찌 원통한 일이 아니겠습니까?"

대답하시기를

"내가 조정에 들어가서 임금님을 섬김에 내세울만한 것은 없으나 임금님을 걱정하고 사랑하는 정성만은 내 스스로 다른 사람에 뒤지지 않는다고 말하겠다. 그러나 지금 나는 임금님을 잊고 나라를 등졌다는 것을 죄목으로 삼았으니 이 또한 가련한 일이다. 그러나 나의 충신(忠信)으로 임금님을 감격하게 하고자 하나 어찌 이 뜻이 이루어지겠는가? 이 역시 내 스스로 반성할 점이다. 천연두를 앓으실 때 애타게 근심하고 고달파서 파리해졌던 사정을 바깥사람들이 어찌 다 알겠는가? 당초에 병의 징후를 보아 위중(危重)함이 예사롭지 않았다. 얼마 후에는 수많은 위우(危憂)를 겪었으나 당시 궁중 안팎이 놀랄까 두려워서 일찌감치 밝히지 않았다. 따라서 궁 밖 사람들은 알 수 없었다. 수압(收壓)[48]이 생긴 후 어느 날 밤 갑자기 고열이 나서 어찌할 바를 모르다가 저미고(猪尾膏)[49] 등의 약

---

42) 쌍난분비해서두(雙鸞分飛海西頭): 점괘인데 「한쌍의 난새가 각각 바다 서쪽으로 날아간다.」란 뜻

43) 보도(輔導): 보익(輔翼). 도와서 좋은 곳으로 인도함.

44) 고명(顧命): 임금이 죽을 때 유언으로 뒷일을 부탁함.

45) 경신이후(庚申以後): 1680년 이후 경신년은 경신대출척(庚申大黜陟: 정치적으로 남인 일파가 대거 실각한 일)이 있던 해이다.

46) 천연두(痘患): 두창(痘瘡), 두병(痘病). 마마.

47) 고념(顧念): 돌보아 줌.

48) 수압(收壓): 두창이 말라서 생긴 딱지.

을 많이 발라서 겨우 무사할 수 있었다. 시약(侍藥)을 맡은 이후 하루라도 옷을 벗고 잠자리에 든 적이 없이 볶고 다리고 한 것을 어찌 말로 표현할 수 있겠는가? 임금님의 병세가 완전히 회복되기도 전에 또 대비(慈聖)[50]가 승하(昇遐)하시니 더욱 더 근심스럽고 위급하여 어찌할 바를 몰랐다. 성복(成服)도 못하시고 정청(庭請)[51]도 못한 채 옥체(玉體)를 지탱하기 어려워져서 다른 변통을 할 길이 없었다. 부득이 타락죽(駝酪粥)[52]을 권해 드릴 뜻을 대왕대비전(大王大妃殿)에 말씀드리기를 '이 죽은 육식(肉食)과는 다릅니다. 예를 지키는 집에서도 권도를 좇아 유락(乳酪)[53]을 폐하지 않습니다. 일찍이 동춘(同春)[54]집에서도 이런 말을 들었습니다.'라고 간청하여 드디어 윤허(允許)를 받았으니 실로 다행이었다. 들으니 박화숙(朴和叔)[55]이 이 일은 임금님을 속인 것이라 하였다니 사람들의 소견은 각자 다르고 그때 위급한 형세를 헤아리지 못하여 그랬을 것이다. 이것을 말하는 것은 스스로 나의 수고를 말하려는 것이 아니고 너희들에게 그때 그 실상을 알리고자 함이다."

창협이 청하기를

"묘도문자(墓道文字)[56]를 누구에게 부탁드릴까요?"

---

49) 저미고(猪尾膏): 저미혈(豬尾血)로 만든 고약. 돼지꼬리에서 받아낸 피가 두창(痘瘡)이나 졸중풍(卒中風) 등의 약재로 쓰였음.

50) 자성(慈聖): 임금님의 어머니. 숙종의 어머니.

51) 정청(庭請): 세자나 의정(議政)이 백관을 거느리고 궁정에 이르러 큰일을 계품하여 하교를 기다림.

52) 타락죽(駝酪粥): 물에 불린 쌀을 맷돌에 갈아서 채에 받아 절반쯤 끓이다가 우유를 넣고 다시 끓인 뒤 설탕을 탄 죽.

53) 유락(乳酪): 버터(butter)

54) 동춘(同春): 송준길(宋浚吉: 1606~1672)의 호이다. 자는 명보(明甫), 시호는 문정(文正)이다. 1659년 병조판서로 있다가 효종이 승하하고 왕대비 복제문제로 공격을 받자 고향 회덕(懷德)으로 귀향하였다. 문곡 맏손자 제겸(濟謙)의 처증조할아버지이다.

55) 박화숙(朴和叔) 세채(世采): 화숙은 세채의 자이다. 그는 1632년(仁祖 10)에 태어나서 1695년(肅宗 21)에 서거하였다. 호는 현석(玄石)·남계(南溪). 시호는 문순(文純)이다. 익위사세마(翊衛司洗馬)를 지내고 숙종이 즉위하자 좌천되어 각지를 전전하다가 1680년(肅宗 6) 성균관사업(成均館司業)으로 임명, 좌의정까지 재수되었으나 요직은 모두 사퇴하였으며 당쟁 중재에 힘썼다.

대답하시기를

"선조고(先祖考)[57]의 묘도는 이미 유명(遺命)으로 큰 비를 세우지 아니하였다. 내가 큰 비를 세운다는 것은 더욱 온당하지 못하다. 표지문자(表誌文字)[58] 같은 것은 그만둘 수 없지만 생졸년과 이력만을 간략하게 적어라. 그러나 오늘 나의 심사를 알 그런 사람이 없구나. 지평(砥平)[59]의 이정승(李政丞: 端夏)[60]같은 분이 있으시면 부탁할 것이지만 이정승은 이미 죽었고 박화숙(朴和叔: 世采)은 대대로의 교분과 어릴 때부터 교의(交誼)야 어찌 범연(泛然)하겠는가마는 다만 내 심사를 깊이 알지 못할까 두렵다. 내 일찍이 졸옹(拙翁) 홍공(洪公: 聖民)[61]이 그의 선세비지(先世碑誌)[62]를 손수 지은 것을 보았다. 만일 달리 부탁할 사람이 없으면 너희들이 지어도 될 것이다. 또 너희 동무(儕輩) 가운데 살펴보아 혹 뜻이 맞는 이 있으면 부탁해도 될 것이다. 이여(李畬)[63] 같은 사람은 사람과 글이 모두 정(精)하여 심사 또한 알 것 같으니 문자를 짓게 하여도 될 것이다.

창협이 묻기를

---

56) 묘도문자(墓道文字): 산소의 표(表), 지(誌), 비(碑), 갈(碣)에 새긴 글자.
57) 선조고(先祖考): 돌아가신 할아버지. 곧 청음 선생임.
58) 표지문자(表誌文字): 표와 지에 새긴 글자.
59) 지평(砥平): 경기도 양평군(楊平郡) 지제면(砥堤面)에 있는 지명. 옛 지평현(砥平縣)임.
60) 이정승(李政丞): 이단하(李端夏: 1625~1689)이다. 자는 계주(季周), 호는 외재(畏齋), 시호는 문충(文忠)이다. 1662년 문과에 급제하여 관이 좌의정에 이르렀다. 문곡 손자 양겸(養謙)의 처소부이다.
61) 졸옹(拙翁) 홍공(洪公): 곧 홍성민(洪聖民)의 호이다. 그는 1536년(中宗 31)에 태어나서 1594년(宣祖 27)에 서세하였다. 자는 시가(時可), 시호는 문정(文貞)이다. 사마시에 1등하고 1564년(明宗 19) 명경시(明經試)에 급제. 1575년(宣祖 8) 호조참판으로 사은사(謝恩使)가 되어 명나라에 가서 종계변무(宗系辨誣)에 대하여 명황제의 허락을 받아 왔다. 1590년(선조 23) 광국공신(光國功臣) 2등에 책록되었으며 한때 부령(富寧)으로 귀양갔다가 복관이 되어 대제학을 거쳐 호조판서에 이르러 서거하였다.
62) 선세비지(先世碑誌): 조상의 비와 지석.
63) 이여(李畬): 1645년(仁祖 23)에 태어나 1718년(肅宗 44)에 서거하였다. 자는 치보(治甫), 초자는 자삼(子三), 호는 수곡(睡谷), 시호는 문경(文敬)이다. 1680년(肅宗 6) 문과에 급제하여 검열(檢閱)로 시작하여 대사성, 대사간, 홍문관제학, 한성부윤, 경기감사, 예조판서를 거쳐 1703년 좌의정이 되고 이듬해 영의정이 되었다.

"우옹(尤翁: 宋時烈)[64]이 다행히 화를 면하면 한 가지 문자를 빌겠습니다."

대답하시기를

"그렇다. 다만 우옹이 자품(姿品)과 기상(氣象)이 어이 엄준하지 않으랴마는 뜻을 기울인 곳을 향하여 칭도(稱道)를 과중하게 할 것 같으니 이 역시 알지 못하여 불가하다."

또 물으시기를

"문집산정(文集刪定)[65]은 누구에게 맡길까요?"

대답하시기를

"내 재주가 평범하고 또 글 읽는 양이 너무 적어 평생 지은 것이 별로 볼만한 것이 없다. 내가 썼지만 내 마음에 차지 아니하니 어찌 기록을 남기랴. 그러나 너희들이 차마 버리지 아니하려면 초록(抄錄)하여 집에 두었다가 너희 형제들이 의논하여 산정(刪定)하면 될 것이다. 남태(南台) 운경(雲卿: 南龍翼)[66]이 서로 부탁할 만하나 과연 맡아줄지 두렵다. 너희들이 산정한 후에 그가 한 번 봐주었으면 한다."

또 말씀하시기를

"대저 문집이란 그 분량이 의당 적어야지 많으면 좋지 않다. 할아버지께서 일찍이 말씀하시기를 '석주집(石洲集: 權韠文集)[67]이

64) 우옹(尤翁: 宋時烈): 우암(尤庵) 송시열(宋時烈)을 지칭.

65) 문집산정(文集刪定): 문집에 쓸데없는 자구나 문장을 삭제하여 정리하고 일정하게 고침.

66) 운경(雲卿): 남용익(南龍翼)의 자이다. 그는 1628년(仁祖 6)에 태어나서 1692년(肅宗 18)에 서거하였다. 호는 호곡(壺谷), 시호는 문헌(文憲)이다. 1648년(仁祖 26) 문과에 급제, 효종 때 삼사(三司)에 있으면서 많은 일을 하였다. 1687년(肅宗 13) 양관(兩館) 대제학, 이어서 이조판서가 되었다. 조정에 몸담았던 40년 동안 한 번도 실수가 없었다. 1689년(肅宗 15) 왕자의 정호문제(定號問題)로 숙종에게 항변하다가 명천에 귀양가서 죽었다. 문장에 능하고 필법이 훌륭하였다.

67) 석주집(石州集): 권필(權韠)의 문집이다. 그는 1569년(宣祖 2)에 태어나서 1612년(光海君 4)에 서세하였다. 자는 여장(汝章), 호는 석주(石洲). 동몽교관(童蒙教官)이 되었다가 벼슬을 버리고 강화(江華)에 들어가 교육에 전념하였다. 시재(詩才)가 뛰어났다. 인조반정 후에 사헌부 지평에 추증되었다.

가장 정(精)하다'고 하셨는데 모두 택당(澤堂: 李植)[68]이 초선(抄選)한 것이다."

또 물으시기를

"증조부[69] 시문(詩文)을 문집(文集)에 싣지 않고 일찍이 집록(輯錄)해 두었던 것을 장차 어찌하올까요?"

대답하시기를

"이 일은 별도로 한 편을 만들어서 집에 두려하였으나 미처 만들지 못했다. 그러나 문자(文字)는 거의 다 수습(收拾)하였으니 너희들이라도 할 수 있을 것이다. 문집(文集)은 할아버지께서 산정하셨고 그 가운데 편지는 훗날 써넣은 것이다. 문집을 편집할 당시 초고본(草稿本)을 잃어버려서 마땅히 들어가야 할 글이 많이 들어가지 못하였다. 이것을 뒷날 수습(收拾)한 것과 문집에 이미 실은 것을 함께 모아 좋은 문장을 추려내어 문집에 편입시켜야 할 것이다. 그밖에 제주봉사(濟州奉使) 때의 장계(狀啓)[70] 같은 데에는 민폐를 진소(陳疎)하여 적의 처리한 조항은 의당 많은 고구(考究)가 필요한데 남사록(南槎錄)[71] 중에 실려 있는 것을 볼 수 있다. 그러므로 습유문자(拾遺文字) 중에 병록(幷錄)하고자 한다."

또 말씀하시기를

"시문(詩文)을 모으는데 앞뒤의 차례가 전도(顚倒)된 것이 많아 내가 앞부분부터 바로 잡고자하여 그 중에 별장(別章)의 연월일 같으면 고증할 만한 것들로 표지(標識)를 하였다. 그 나머지는 미처

68) 택당(澤堂: 李植): 1584년(宣祖 17)에 태어나서 1647년(仁祖 25)에 서거하였다. 자는 여고(汝固), 호는 택당(澤堂), 시호는 문정(文靖). 1610년(光海君 2) 문과에 급제, 1617년(光海君 9)에 선전관이 되었으나 폐모론이 일어나자 벼슬을 버리고 고향에 있다가 인조반정 때 이조좌랑에 이어서 대사간이 되었다. 병자호란때 주화파(主和派)를 배척한다하여 청에 붙잡혀 갔다가 돌아왔다. 대사헌·형조판서·이조판서에 이르렀다. 문곡의 손자 양겸(養謙)의 처증조부이다.

69) 증조고(曾祖考): 청음(淸陰) 김상헌(金尙憲)

70) 장계(狀啓): 벼슬아치가 임금의 명을 받들고 지방에 나가 민정을 살핀 결과를 글로서 올리던 계(啓).

71) 남사록(南槎錄): 청음(淸陰)의 저서이다. 내용은 제주봉사로 나갔던 기록이다.

하지 못하였다. 그러나 더 상세히 참고하려면 역시 차례대로 정리하여야 할 것이다.”

창협에게 이르시기를

“네 누이의 묘표(墓表)와 네 아우의 지문(誌文)을 내 손으로 쓰고자 생각한지 오래되었으나 다사(多事)하여 겨를이 없었다. 늘 쓸 생각을 하면 마음이 상해서 차마 글을 완성하지 못하였는데 이제 그만 못하게 되었다. 네 누이의 표석(表石)은 벌써 조치를 취하였다. 다른 날 이서방(李涉)[72]과 상의하여 표석[73]을 세우도록 하되 문자는 다른 사람에 부탁하거나 또는 네가 써라. 너의 동생 지문도 네가 쓰는 것이 좋겠다.”

창흡이 묻기를

“어릴 때 집에 계실 적에 어른들로부터 칭찬하고 기대하시는 말씀들이 있었으면 자세히 듣고자 합니다.”

대답하시기를

“내 어렸을 때 다른 사람보다 뛰어난 실력이 없었으니 어찌 칭찬하고 장래를 기대하는 말씀이 있었으리. 내 다섯 살(1633)에 어머니(연안 김씨)를 여의고 외조모(초계 정씨)를 따라 원주(原州)에 가서 살았는데 외조모마저 돌아가시자 의탁할 곳이 없어서 아버지(同知公 光燦)를 따라 영남(嶺南)으로 내려가서 처음으로 할아버지(청음 상헌)를 안동(安東)에서 만나 뵈었다. 이때 내 나이 열두 살(1640)이었다. 하루는 새벽에 일어나서 할아버지께 문안인사를 드리러 갔더니 마침 머리를 빗고 계셨는데 땅에 떨어진 머리카락을 남김없이 하나하나 주어 모으시면서 나를 돌아보시며 말씀하시기를 ‘옛 사람들이 말하기를 신체, 털, 살은 부모로부터 받은 것이라고 하였으니 오직 이 머리카락 한 올이라도 버리지 아니함이 곧 효도(孝道)이니라. 어린아이들은 이 뜻을 알아야 한다.’라고 말씀

72) 이서방: 사위 이섭(李涉)을 일컬음.

73) 표석: 묘표(墓表). 죽은 사람의 관직, 명호를 묘비의 전면에 새기고 후면에 사적을 서술하는 글. 후면의 글을 음기라 한다.

하셨다. 간혹 고풍(古風)[74] 몇 구절(句節)이나 혹은 소부체(小賦體) 모양의 글을 지어 보여드리면 할아버지께서 곧 제목에 꼭 알맞은 언어를 제자리에 썼다고 칭찬하셨다. 일찍이 고전장부(古戰場賦)를 보시고 '기산풍혜취림(其山風兮吹林) 약유인혜삽삽(若有人兮颯颯)(산바람이 수풀에 부니 사람이 있다면 시원할 것 같구나)' 이 한 구절에 비점(批點)[75]을 찍으시면서 말씀하시기를 '이것이 비록 옛 사람들의 시풍(詩風)이기는 하나 고전장(古戰場)이라는 시제에는 꼭 맞는 맛이 있다.'라고 하셨다. 도정종고조부(都正從高祖父)[76]님께서 일찍이 여러 아이들 중에서 누가 재주와 품격이 나은가를 물으시니 할아버지께서 대답하시기를 '모든 아이들이 특이한 재주는 없으나 모(某)의 글은 시제(詩題)에 집중하는 묘미(妙味)가 풍기게 가장 잘 적용(適用)하니 과거를 보면 다른 아이들보다 꼭 먼저 합격할 것입니다.'고 하셨다."

창협이 관직에 처음 나갔을 때의 이력(履歷)을 대략 말씀해 주시기를 청하였다.

"정언(正言) 때에 완남(完南)[77]을 구제(救濟)하려는 상소(上疏)를 올렸다가 임금님의 비위를 거슬렀다. 후에 오정위(吳挺緯)[78]를 논핵(論劾)한 일로 장관(長官) 홍공(洪公) 명하(命夏)[79]와 뜻이 맞지 않아 복잡한 일이 생겨 자리를 내어 놓았다. 이 일이 있은 이후로

74) 고풍(古風): 한시의 한 체. 고시(古詩).

75) 비점(批點): 시나 문장 등의 요소(要所). 묘행(妙行)에 치는 점.

76) 도정종조부(都正從祖父): 휘 극효(克孝), 호는 사미옹(四味翁), 관은 돈녕도정(敦寧都正). 한문본에는 종조부라 하였다.

77) 완남(完南): 어느 죄를 받은 관원의 이름.

78) 오정위(吳挺緯): 1616년(光海君 8)에 태어나서 1692년에 서세하였다. 자는 군서(君瑞), 호는 동사(東沙). 1645년(仁祖 23)에 문과급제. 호·형·공·예판서를 지냈고 1680년(肅宗 6) 경기감사로 있다가 허견(許堅)의 옥사에 연루되서 보성(寶城)에 귀양갔다가 1689년(肅宗 15)에 대사공(大司空)이 되었다.

79) 홍공(洪公) 명하(命夏): 1607년(宣祖 40)에 태어나서 1667년(顯宗 8)에 서세하였다. 자는 대이(大而), 호는 기천(沂川), 시호는 문간(文簡). 1644년(仁祖 22) 문과급제, 1766년(顯宗 7) 청나라사신이 와서 왕을 힐문함에 엄격히 논박하여 왕의 신임을 얻었다. 관은 좌우의정을 거쳐 영의정이 되었다.

다시 대각(臺閣)[80]에 들어가지 못하다가 계사년(1653)에 서장관(書狀官)[81]으로 연경(燕京)에 갔는데 돌아오기도 전에 홍록(弘錄)[82]에 올라갔으나 계속하여 의망(擬望)[83]을 받지 못하다가 오랜 시간이 지난 뒤에야 비로소 교리(校理)가 되었다. 한 번 연회석(筵會席)에 입시(入侍)하였더니 그 이후에 관심을 기울여 주셔서 의망(擬望)에 오를때마다 낙점[84]을 받았다. 기천(沂川) 홍정승(洪政丞: 命夏)이 장난삼아 말씀하시기를 '옛날 신공(申公) 민일(敏一)[85]이 여러차례 대시(臺侍) 의망(擬望)에 올랐으나 종신토록 낙점을 받지 못하였다.' 이때 모공(某公)이 묻기를 '그대는 일찍이 연중(筵中)[86]에 입시(入侍)[87]한 적이 있느냐?'하니 신공(申公)이 말하기를 '어느 때인가 한 번 입시한 적이 있습니다.' 모공(某公)이 말하기를 '그래요.'라 하였다. 그 뜻은 대체로 주상이 스스로 일 할 능력이 없음을 보았기 때문이다. 벼슬을 주는 일이 이와 같이 인색하였다. 자네가 요새 연달아 낙점을 받는 것은 저번에 입시를 하였기 때문일 것이다."

창협이 또 현종(顯宗)이 고명(顧命)을 내릴 때 일을 물었다.

대답하시기를

"이때 나는 강상(江上)에 있었는데 장판서(張判書: 善瀓)[88]형이

---

80) 대각(臺閣): 사헌부(司憲府), 사간원(司諫院)의 총칭.

81) 서장관(書狀官): 연행사(燕行使)에 상절인(上節人)으로 정사(正使), 부사(副使), 기록관(記錄官)이 있는데 그 기록관이 곧 서장관이다.

82) 홍록(弘錄): 곧 홍문록(弘文錄). 홍문관의 교리, 수찬을 선거·임명하는 기록.

83) 의망(擬望): 삼망(三望)의 후보자로 추천됨.

84) 낙점(落點): 관리를 선임할 때에 삼망(三望)의 후보자 가운데 한 사람의 이름 위에 임금이 친히 점을 찍어서 뽑음.

85) 신공(申公) 민일(敏一): 1576년(宣祖 9)에 태어나서 1650년(孝宗 元年)에 서세하였다. 자는 공보(功甫), 호는 화당(化堂), 성혼(成渾)의 문인. 1615년(光海君 7)에 사마시에 합격하고 식년문과 병(丙)과로 급제. 찰방·정랑 등을 거쳐서 1640년(仁祖 18)에 동부승지가 되었고 1650년(孝宗 元年)에 대사성이 되었다.

86) 연중(筵中): 연석(筵席). 임금과 신하가 모여 자문주답(諮問奏答)을 하던 자리.

87) 입시(入侍): 대궐에서 임금을 알현(謁見)하는 일.

88) 장판서 선징(張判書 善瀓): 1614년(光海君 6)에 태어나서 1678년(肅宗 4)에 서세하였다. 자는 정지(淨之), 호는 두곡(杜谷), 시호는 정장(正莊). 신풍군(新豊君) 대제

급함을 알리는 기별을 보내왔다. 즉시 성 밖에 나가니 승정원(承政院)이 임금님의 병세가 위중함을 계품(啓稟)하여 알리지 못하고 있는데 임금님의 병세가 더 위독함을 듣고 드디어 대궐로 들어가 숙배(肅拜)[89]하려 하였더니 조금 있다가 소명(召命)[90]이 내려져서 서둘러 들어갔는데 허적(許積)[91]도 같이 들렀더라. 내가 용상(龍床) 앞에 나아가 엎드리니 처음에는 알아보지 못하시고 허적이 좌의정으로써 들어와서 정세(情勢)가 편치 못함을 아뢰었다. 이때 임금님께서 거의 말씀을 못하시다가 곧 힘을 내어 '마음 놓고 거행하라.'고 말씀하셨는데 발음이 매우 분명하였으니 간절한 뜻이 담겨 있더라."

창집이 제수(祭需)의 풍부(豐富)와 검소(儉素)에 대하여 물으니 대답하시기를

"제물(祭物)이 풍족하고 사치스러움은 실로 지금 세상의 폐습(弊習)이다. 제발 간략하게 하고 유밀과(油密果)[92]는 고례(古禮)에도 없을 뿐아니라 내 본래 먹기를 좋아하지 아니하니 전폐(全廢)는 못할지라도 다만 한 그릇을 쓰되 높이 괴어 올리지 말아라."

목욕을 하시고 옷을 갈아입으시고 손톱 발톱을 깎으셨다.

학 유(維)의 아들로 영희전(永禧殿) 참봉이 되었다가 효종 때 철원도호부사로 병과(丙科)에 급제하고 병조참판으로 아버지의 작을 승습하여 풍양군(豊陽君)에 피봉되어 호조판서가 되었다. 숙종 때 의정부 좌참찬·판의금·경연춘추관사를 거쳐 한성부 판윤까지 되어 수차례 유신들의 참화를 구제했고 결국 간신들의 화근을 막으려다 면관파직 되었다.

89) 숙배(肅拜): 서울을 떠나 임지(任地)로 가는 관리가 임금에게 작별을 아뢰던 일.

90) 소명(召命): 임금이 신하를 부르던 명령.

91) 허적(許積): 1610(光海君 2)에 태어나서 1680년(肅宗 8)에 서세하였다. 자는 여차(汝車), 호는 묵재(默齋)·휴옹(休翁). 1637년(仁祖 15) 문과에 급제 1667년(顯宗 8) 좌우·영의정에 이르렀으나 사직하고 충주에 내려갔다가 1674년 숙종이 즉위하자 다시 영의정이 되었다. 1680년(肅宗 6) 서자 견(堅)의 역모사건으로 사사되었다.

92) 유밀과(油密果): 밀가루나 쌀가루를 반죽하여 적당한 넓이와 모양으로 빚어서 바싹 말린 후 기름에 튀겨 꿀이나 조청을 발라 튀밥이나 깨고물을 입힌 과자. 유과(油果).

4월 6일

초 여섯째 날 새벽에 칠언절구(七言絶句)[93] 한 수를 지어 입속으로 읊으시면서 여러 아들들에게 보이시며

"이 시에는 거리낄 말이 없으나 오늘도 역시 전파(傳播)가 쉽지 않다."

고 하시고 또 오언절구(五言絶句) 한 수를 쓰셨는데 손자들의 이름을 제(題)로 삼았는데 겸손한 몸가짐으로 살라는 훈계였다.

며느리들에게도 결서(訣書)를 써서 보냈는데 대개의 내용은 손자들을 힘써 잘 보살펴 달라는 부탁이었다.

결서 두 장을 더 쓰셨는데 한 통은 사위 이섭(李涉)[94]에게, 또 한 통은 생질 이세백(李世白)[95]과 이유(李濡)[96]에게 쓰셨는데 생질 홍(洪)[97], 이(李)[98], 송(宋)[99]에게도 두루 알리라고 부탁하셨다.

---

93) 칠언절구(七言絶句): 일곱 자 네 구로 된 한시의 한 체(體).

94) 이섭(李涉): 전주 이씨 군수(郡守) 산휘(山輝)의 아들. 문곡의 사위. 외동딸 필영(必英)의 부군. 문곡이 생전에 딸은 이미 죽었었다.

95) 이세백(李世白: 1635~1691): 자는 중경(仲庚), 호는 운사(雲沙)·북계(北溪), 시호는 충정(忠正) 본관은 용인(龍仁). 목사(牧使) 정악(挺岳))의 아들. 1657년(효종 8) 진사에 합격하여 홍천현감을 지냈고, 1675년(숙종 원년)에 문과에 급제하여 시강(侍講)을 맡았으며 송시열(宋時烈)의 추천으로 어사가 되어 호서(湖西) 지방의 민폐를 많이 없앴다. 황해 평안안찰사, 한성 판윤, 이조판서, 우의정, 좌의정을 지냈으며 청렴하고 엄중하여 옳은 것을 택하는 한편 공사(公私)를 분명히 하였으므로 벼슬아치들이 그를 두려워 하였다. 문곡의 생질이다.

96) 이유(李濡): 1645년(仁祖 23)에 나서 1721년(景宗 元年)에 서세하였다. 자는 자우(子雨), 호는 녹천(鹿川), 시호는 혜정(惠定)이다. 본관은 전주(全州), 증영상(贈領相) 중휘(重輝)의 아들. 1668년(顯宗 9)에 문과에 급제, 삼사(三司)에 있을 때 당쟁을 타파할 것과 궁금(宮禁)을 엄하게 할 것을 주장하였다. 예조참판 때 청나라에 사신으로 다녀와서 1704(숙종 30)에 우의정이 되고 영의정에 이르러 기사(耆社)에 들어갔다. 1709년에 북한산성의 신축을 건의하여 왕명으로 이를 경리(經理)하였다. 경종의 사당에 배향되었다. 문곡(文谷)의 생질이다.

97) 홍(洪): 동중추(同中樞) 광찬(光燦)의 둘째 사위. 풍산인(豊山人) 현감 홍주천(洪柱天)의 아들들. 정랑(正郞) 만원(萬源)과 판돈녕(判敦寧) 만조(萬朝)가 있다.

98) 이(李): 동중추(同中樞) 광찬(光燦)의 다섯째 사위. 한산인(韓山人) 지평(持平) 이광직(李光稷)의 계자(系子). 첨정(僉正) 수형(秀衡).

99) 송(宋): 동중추(同中樞) 광찬(光燦)의 넷째 사위. 은진인(恩津人) 판서 송규렴(宋奎濂)의 아들들. 대제학 상기(相琦: 玉吾齋). 부사(府使) 상유(相維)

이때 보낸 결서 내용은 다음과 같다.

이서방 섭(涉)에게
내 오늘의 죽음은 이미 짐작하고 있었으며 내 모든 일은 한스러울 것도 없이 끝났네. 자네와 헤어진지 이태나 되었는데 다시 못 만나고 영영 이별하게 되니 이것이 마음에 걸리는구려. 전후하여 보낸 편지 전부 받아 읽고 나니 조금이나마 위로가 되었다네. 죽은 내 딸아이의 뒷일은 자네 집안에 맡기네. 모든 일을 자네가 반드시 정성을 다하는데 어찌 내 말을 기다리리. 죽어도 알 수 있을는지 저승에까지 서로 통할 수 있을지는 알지 못하나 젊어 10년간의 애달픈 마음이 가슴에까지 퍼졌지 않았는가? 여러 변수로 할 말 다 못하고 끝을 맺으나 다만 진정한 사랑을 실어 보낼 뿐이라네.

기사년(1689) 4월 초 6일.

죽은 딸 표석(表石)은 이미 청풍(淸風)에서 꺼내서 덕연강변(德淵江邊)에 옮겨 놓았으나 새길 글을 완성하지 못하여서 새기지 못하였다네. 모름지기 우리 아이들과 상의하여 조만간 세우기를 바라고 바라네.《文谷集 卷 28》

문곡이 생질 이세백(同中樞 光燦의 맏사위의 둘째 아들)과 이유(同中樞 光燦의 셋째 사위의 맏아들)에게 보낸 결서 내용은 다음과 같다.

생질 이세백(李世白)과 이유(李濡)에게
내 죽음은 조만간 닥쳐 올 일이니 내 모든 일은 한스러울 것도 없이 끝이 났네. 나라에 보은(報恩)도 못하고 마침내 죽음의 함정에 빠졌으니 이것이 매우 부끄럽네. 서로 멀리 떨어져 있어서 자네들과 만나보지도 못하고 영결하게 되었으니 마음에 걸리지만 어찌하노. 우리 여러 아이들은 병들고 몸이 허약한데다가 병든 어미를

호양해야 하니 선영(先塋)으로 돌아올 가망이 없네. 모든 일을 너희들이 정성을 다하기를 내가 살아 있을 때와 같이 해줄 것이라 믿는다. 전정한 사랑을 실어서 자상하게 쓰지 못하고 대강 적는다.

기사년(1689) 4월 8일.

홍성(洪姓) 생질 맏이와 막내에게는 이미 결서(訣書)를 보냈는데 오늘은 여러 막둥이와 송성(宋姓) 생질들에게는 각각 글을 보내지 못했다. 이 글을 보여주도록 하라.

"돌아가신 할아버지께서는 평생 다른 사람과 사귀면서 서로 의논하는 것을 좋아 하지 않으셨고 조정에 나가셔서는 논의만 하는 사안이라도 엄격히 정신을 집중하셨고 평소에는 묵묵히 계시면서 언행을 조심하셨다. 매번 집안 젊은이들이 모여 서로 담론을 하며 즐기는데도 병을 핑계 삼아 함께하지 않으셨다. 다만 상촌(象邨)[100]과는 그렇지 않으셨다. 자손들도 이런 성품을 닮았으니[101] 매우 한탄스럽다고 하셨다. 너희들은 이런 일은 없어야 할 것이다. 그러나 말세(末世)에는 더욱 경계해야 한다.

할아버지께서 심양(瀋陽)[102]에서 돌아오실 때 내가 파주(坡州)[103]에 가서 맞이하였는데 그때 내 나이 17살이었다. 할아버지께서는 훤칠하게 자랐다고 매우 기뻐하시면서 무릎 앞에 앉으라 하시었는데 손님이 너무 많이 모여들어서 땅에 앉으니 점점 자리가 좁혀져

---

100) 상촌(象邨): 우의정(右議政) 신흠(申欽: 1566~1628)의 호. 자는 경숙(敬叔), 호는 상촌(象村), 본은 평산(平山). 조선 중기 한문학의 태두(泰斗)였다.

101) 성품은 본래 방정하고 단아하며 젊은 시절부터 엄숙해야할 일에 매우 깊이 간여하셨다. 그러므로 장엄한 풍도는 늙으셔도 조금도 누그러들지 않으셨다. 젊으셨을 때 많은 사람들과 같이 섞여 앉아 있을 때에도 초연히 어깨와 등을 높이 세우고 무릎을 꿇고 앉아 있는 모습이 산과 같아서 지식인들은 귀인(貴人)의 풍도가 있음을 알았다.(삼연집(三淵集) 권30, 선부군행록(先府君行錄))

102) 심양(瀋陽): 지금 요령성(遼寧省))의 성도(省都). 입관(入關) 전의 청나라 수도였다.

103) 파주(坡州): 경기도 파주군의 한 고을. 이 군의 북서부 문산역(汶山驛) 남동 약 3km 지점에 위치함. 이전에 파주군청 소재지였으나 군청이 금촌(金村)으로 옮겨졌음.

서 일어나 밖으로 나가려 하니 할아버지께서 붙들고 밖으로 나가는 것을 허락하지 않으셨다. 악수(握手)하고 떠날 때 기뻐하시는 기색이 역력하셨다. 지금에 와서 돌이켜 생각하니 나에게 기대하시는 바가 있었던 것 같다."

이것은 어제 밤에 창흡(昌翕)의 질문에 대답하신 것이다.

창흡이 말씀드리기를

"아버지께서 평소에 백운천석(白雲泉石)[104]의 경치를 좋아하셨는데 늘그막에 그 곳으로 돌아가실 계획은 어그러졌습니다. 저도(楮島)[105]의 강산에도 전부터 뜻을 두셨던 곳이기에 제가 이곳을 차지하고 누정(樓亭)을 지은 것은 아버지의 뜻을 이어받은 것입니다. 바야흐로 경영이 어려운 때를 당하여 많은 분부를 다 수행하려면 부지런히 해야할 것 같습니다. 일찍이 부득이 하루 놀이장소로 모실가 했던 곳입니다만 이제 만사가 이 지경에 이르렀습니다. 오늘 이후에도 다시 저 정자를 사용해야 할런지요. 장차는 헐어야 할 것 같습니다."

대답하시기를

"이는 나의 박복한 탓이다. 명승지 한 곳을 얻으려 10년을 자나깨나 기원했어도 얻지 못하였고 저도의 승지(勝地)도 잊지 못하는 곳이다. 네가 이미 그 곳을 점유하여 정자도 지었고하니 하루 내려가 쉴만한 곳은 되겠다 했으나 결국에 모든 것이 어그러졌구나. 완산(完山)[106]에서 복명(復命)[107]하러 갈 때 이 길을 잡아서 경유하는 곳의 경승(景勝)[108]을 대강 살펴보려 했으나 이 또한 마음먹은대로 되지 않았으니 나의 박복함 때문이다. 모든 것이 운수(運數)[109]인걸 어쩌랴. 그러나 그 정자야 어찌 헐어 버릴까. 그냥 두

---

104) 백운천석(白雲泉石): 경기도 포천군(抱川郡)에 있는 백운산의 산수가려한 일지구임. 옛 영평현(永平縣)에 있었음.

105) 저도(楮島): 중랑천과 한강이 합수되는 곳. 현재의 서울숲이다.

106) 완산(完山): 전주(全州)의 백제(百濟)때 이름.

107) 복명(復命): 명령을 받고 일을 처리한 사람이 그 결과를 보고함.

108) 경승(景勝): 산수의 풍경이 매우 아름다운 곳.

어도 무방하다. 그렇지만 다른 우려할 일이 있다면 잘 생각하여 처리하는 것이 좋겠다."

나주(羅州)[110]의 임교(林喬), 염태유(廉泰維)[111]가 영결을 하러 왔다. 먼저 염군(廉君)을 불러서 호상(護喪)[112]을 부탁하였다. 이 섬의 사인(士人)[113] 김성징(金聲徵)[114], 박언일(朴彦一)[115]이 와서 영결을 고하였다.

이들에게 말씀하시기를

"이곳에 온 후에 제군(諸君)들의 후의(厚誼)와 주선(周旋)을 많이 받아 마음속에 새기고 있다네. 이제 영원한 이별을 하게 되었으니 실컷 있다가 가시게나."

나평강(羅平康, 휘: 良佐)이 곡을 하며 들어와 뵈옵고 말씀드리기를

"자형(姊兄)[116]이 계시면 믿을 만한 힘이 되는데 앞으로 병든 누님을 어이할꼬."

대답하시기를

"내 한 몸의 일은 이미 끝났네. 다만 이 절해고도(絶海孤島)[117]에 와서 이 변고를 당하고 아내와 아이들이 모두 병든 몸이어서 가세(家勢)가 모두 다하게 되었으니 오직 이것에만 관심을 두게 되었네. 자네는 이 섬에 쉬이 들어올 수 있으니 죽어서 떠나가는 나를 도울 수 있는 처지이네. 자네에게 모든 일을 부탁할 수 있어 이것만은 다행일세."

길을 떠난 뒤 도로와 도로 간의 거리, 산과 물을 건너는 상황과 걸리는 시간 등을 두루 물으시고 말씀하시기를

---

109) 운수(運數): 사람의 몸에 돌아오는 길흉과 화복.
110) 나주(羅州): 전라남도 중앙부에 위치한 도시.
111) 임교(林喬) 염태유(廉泰維): 나주지방 사람.
112) 호상(護喪): 상사에 대한 온갖 일을 분별하고 보살핌. 또는 그 사람.
113) 사인(士人): 벼슬하지 않는 선비.
114) 김성징(金聲徵): 그 지방의 선비.
115) 박언일(朴彦一): 그 지방의 선비.
116) 자형(姊兄): 손 위의 매부 곧 문곡.
117) 절해고도(絶海孤島): 바다에서 멀리 떨어진 해중 섬.

"말을 타고 배도(倍道)[118]로 달려가면 질병이 없지 않겠는가?"

하시고 시자(侍者)[119]를 불러서 술과 밥을 빨리 내오도록 독촉하시고 또 손을 잡고 웃으시면서 말씀하시기를

"저번 편지는 인편이 없어서 답을 보내지 못하였으나 내 생각은 서로 만나서 한바탕 웃고 말하려고 하였다네. 지나간 일은 본래 가슴에 묻어 두지 못하는 것인데 하물며 이곳에까지 와서야 어찌 다시 먼지만한 것이라도 마음속에 묻어두겠는가?"

모두가 나공(羅公)이 일찍이 올린 서설(書說) 및 정묘소사(丁卯疏事)[120]에 인책(引責)할만한 말이 있었기 때문이다.

나평강(羅平康)이 말씀드리기를

"금오랑(金吾郞)[121]이 오늘 저녁 이곳에 당도하였으니 모든 일을 어찌 꺼려만 하겠습니까? 오늘의 죄명(罪名)이 이미 무겁고 세상 정세 또한 위험하고 패악하게 돌아갑니다. 치상(治喪)은 마땅히 우계선생(牛溪先生)[122]의 유명(遺命)[123]처럼 하겠습니다. 이곳은 바다 밖에 있는 지역이니 좋은 널판을 구하기 어렵고 행상(行喪)[124] 또한 매우 어려울 것이니 얇은 널판으로 관(棺)을 만들었다가 고향에

---

118) 배도(倍道): 하루에 보통 사람의 갑절의 길을 걸음.

119) 시자(侍者): 가까이 모시는 사람.

120) 정묘소사(丁卯疏事): 나양좌가 1687년(肅宗 13) 그의 스승 윤선거의 억울한 누명을 벗기려고 상소했다가 영변(寧邊)에 정배되었는데 이듬해 풀려났다.

121) 금오랑(金吾郞): 금오는 의금부(義禁府)의 별칭이며, 낭은 낭관(郎官)을 말하는데 조선시대의 육품관(六品官)을 말하는 것으로 첩(妾)의 지손은 능(陵), 전(殿), 묘(廟), 사(社), 종부사(宗簿寺)의 낭관이 될 수 없었다.

122) 우계선생(牛溪先生): 성혼(成渾)의 호이다. 그는 1535년(중종 30)에 태어나서 1598년(선조 31)에 서거하였다. 자는 호원(浩原), 시호는 문간(文簡)이다. 파평의 우계(牛溪) 옆에 살았으므로 학자들이 우계선생이라 불렀다. 17세에 감시(監試) 초시에 들었으나 병으로 복시를 치르지 못하고 과거를 포기하였다. 많은 벼슬을 내렸으나 모두 부임하지 않다가 1583년(선조 16) 병조참지에 이어 이조 참의로 임명되었으나 곧 사임하고 경연(經筵)을 맡았다. 그 후 이조참판, 좌찬성 겸 비국당상(備局堂上)으로 있을 때 일본과의 화의를 권유하다 선조의 분노를 사서 고향 파주로 내려갔다. 퇴계의 학설을 이어받아 율곡과 함께 사칠속편(四七續編)을 완성하였다.

123) 유명(遺命): 임종(臨終)때 하는 분부.

124) 행상(行喪): 시체를 운반하는 제구.

도착하거든 그때 관을 바꾸는 것이 좋을듯 합니다. 관군(官軍)[125]을 얻어도 역시 편치 않을 것 같으니 종이남여와 대나무 장대로 상여를 만들고 말이 수레를 끌게 했으면 하나 어찌 될지는 모르겠습니다."

대답하시기를

"자네 말이 맞네. 내 뜻도 꼭 이와 같네."

또 말씀하시기를

"우리 선조의 상제(喪祭)[126]에 관한 의절(儀節)[127]은 늘 고례(古禮)를 따르고자 하였네. 선세(先世)에 시행한 것을 갑자기 고친다는 것은 매우 중대한 일이어서 고치지 못하고 오늘에 이르렀다네. 내 죽은 후에 상제(喪祭)에 관한 모든 의절은 고례(古禮)에 따랐으면 하는데 자네는 내 이 뜻을 알 것이다. 사세(事勢)[128]를 보아서 실행하기 어려운 것은 제외하고 「상례비요(喪禮備要)」[129]를 따라 치상(治喪)을 하면 될 것이네."

또 말씀하시기를

"내 일찍이 장인(牧使, 羅星斗)[130]의 치상을 지켜보았는데 소렴(小斂)[131]때 상인(喪人)[132]이 백포(白袍)[133]를 입고 참석한 것을 보았다. 나는 일찌감치 예(禮)의 뜻을 체득하였다고 말하였는데 지금 이러한 예에 의거하여 실행함이 옳으리라."

---

125) 관군(官軍): 정부의 군사.

126) 상제(喪祭): 상례(喪禮)와 제사(祭祀).

127) 의절(儀節): 예절(禮節), 예의범절.

128) 사세(事勢): 일이 되어가는 형편.

129) 상례비요(喪禮備要): 신의경(申義慶)이 지은 상례에 관한 책. 주자의 가례(家禮)의 본문을 주로 하고 고금 여러 사람의 설을 참고하여 초상으로부터 장례에 이르는 일체의 의식을 기술하고 사당(祠堂), 신주(神主) 등의 도설(圖說)을 책머리에 실었다. 그 당시의 상례는 대개 여기에 따랐다.

130) 장인: 즉 목사(牧使) 나성두(羅星斗)이다.

131) 소렴(小斂): 시체를 옷과 이불로 싸는 일.

132) 상인(喪人): 상제(喪制). 부모나 이미 아버지가 세상을 뜬 뒤에 조부모의 상중에 있는 사람.

133) 백포(白袍): 흰 도포(道袍)

나평강(羅平康)이 묻기를

“명정(銘旌)[134]은 어떻게 쓸까요?”

대답하시기를

“행상(行喪) 때에는 안동김공(安東金公)이라 쓰고 장례 때에는 별호(別號)[135]를 쓰면 될 것이네. 내 이미 창집 형제들에게는 말을 해두었네.”

또 묻기를

“앞으로 집안 식구들이 머물 곳은 어찌해야 할까요? 가르쳐 주십시오.”

대답하시기를

“영암(靈岩)의 구림(鳩林)[136]은 나의 제 2의 고향이다. 잠깐 그곳에 권조(權厝)[137]을 해두게. 이는 가족이 우거(寓居)[138]하라는 뜻이네. 어제 이미 아이들에게 말하였네.”

나평강이 말씀드리기를

“이 역시 좋습니다. 저의 뜻은 앞으로 닥쳐올 세태와 세상 돌아가는 사정을 예측할 수 없다는 것입니다. 저들이 나쁜 계략을 꾸미는 것이 틀림없이 생질들에게 미칠 것입니다. 만약에 생질들이 달아나야 하는 일이 생긴다면 우리 누님은 의지할 곳이 없으니 타향에 기장(寄葬)[139]하여도 수호하기 어려울 것입니다. 만약에 반장(返葬)[140]하지 못하고 무한정 미뤄져 병화(兵禍)[141]가 거듭되면 더

134) 명정(銘旌): 명기(銘旗). 초상 때 쓰이는 죽은 사람의 관위(官位), 성명(姓名) 등을 쓴 깃발.

135) 별호(別號): 본 이름 외에 따로 지어 부르는 이름. 호(號) 또는 별자(別字)라고도 함. 별명(別名)이라고도 함.

136) 영암(靈岩) 구림(鳩林): 영암군 군서면 구림리.

137) 권조(權厝): 권폄(權窆). 임시로 장사를 지냄(좋은 묘지를 구할 때 까지).

138) 우거(寓居): 타향에서 임시로 살음.

139) 기장(寄葬): 임시로 남에게 부탁하여 영구한 장지가 생기거나 상황이 좋아질 때까지 가매장하는 것.

140) 반장(返葬): 객지에서 죽은 사람을 제 곳으로 옮겨다가 장사함.

141) 병화(兵禍): 전쟁으로 일어나는 화제.

욱 장담할 수 없으니 지금 구산(舊山)[142]에 반장하느니만 못합니다. 또 누님은 지병이 있어 하방(遐方)[143]의 의약(醫藥)으로는 치료하기 어렵습니다. 저 또한 위로 연만하신 어버이를 모시고 있고 제몸에도 병이 있으니 멀리 떨어져 있을 것 같으면 자주 만나보기가 어려울 듯합니다. 듣자하니 창업생질의 농장이 홍천(洪川)에 있다고 하는데 홍천과 여강(驪江)[144] 구포(龜浦)[145]는 그리 멀지 않으니 누님과 생질들이 장사를 치른 뒤에 홍천협곡(洪川峽谷)[146]에 우거(寓居)한다면 저도 연만하신 어버이를 모시고 구포에 가서 우거하면서 서로 의지하면 좋지 않겠습니까?"

대답하시기를

"나는 깊이 생각해보지 않았지만 자네 말이 맞네."

하시고 창업에게 홍천농장의 여건이 어떠한지를 물으셨다. 침실에 들어가서 앉으셔서 아들들에게 말씀하시기를

"윤휴(尹鑴)[147]가 신원(伸寃)[148]이 되고 장희재(張希載)[149]가 내

---

142) 구산(舊山): 조상의 무덤이 있는 곳.

143) 하방(遐方): 서울을 중심하여 먼 곳. 하향(遐鄕).

144) 여강(驪江): 경기도 여주의 옛 이름.

145) 구포(龜浦): 양평군 개군면 나루이름.

146) 홍천협곡(洪川峽谷): 강원도 홍천군 소재지. 홍천강(洪川江) 좌안(左岸) 일대에 위치하여 도로교통의 요지이며 농산문, 임산물, 약재, 꿀 등의 집산지.

147) 윤휴(尹鑴): 1617년(光海君 9)에 태어나 1680년(肅宗 6)에 서세하였다. 자는 희중(希仲), 호는 백호(白湖), 효종 초년에 이기설을 저술하여 퇴계(退溪)와 율곡(栗谷)의 이기설(理氣說)을 반대하는 스스로 일가를 이루었다. 처음에 송시열과도 가까웠으나 현종 초 효종의 상중에 인조의 계비 조씨(趙氏: 莊烈王后)의 복제문제를 둘러싸고 허목, 윤선도와 함께 송시열의 예론을 통박하여 서인정권의 전복을 꾀하자 송시열과 원수가 되었다. 숙종 초 송시열의 예론이 배척되자 허적, 허목 등 남인이 득세하여 윤휴는 대사헌, 이조판서, 좌찬성 등 요직을 지냈다. 1680년(肅宗 6) 경신대출척(庚申大黜陟)으로 서인이 집권할 때 귀양갔다가 허견(許堅)의 옥에 연좌되어 사사되었다.

148) 신원(伸寃): 원통한 것을 풀어버림.

149) 장희재(張希載): 출생연월을 알 수 없고 1701년(肅宗 27)에 서세하였다. 장희빈(張禧嬪)의 오빠로 금군별장(禁軍別將)이 되었다가 총융사(摠戎使)로 승진되었다. 민비가 복위되자 희빈은 이를 시기하여 희재와 연락하여 민비를 해하려고 온갖 음모를 꾀하다가 발각되어 사형을 받게 되었으나 세자에게 미칠 영향을 고려하여 귀양보내는 것으로 끝내려 하였으나 극형을 주장하는 상소가 있자 결국 제주 적소에서 잡

승(內乘)[150]이 되었다니 내 어찌 죽음을 당하지 않겠는가? 옛날 조정암(趙靜庵)[151]이 남곤(南袞)[152]이 재상(宰相)[153]이 되었다는 소식을 듣고 말씀하시기를 '나는 틀림없이 죽임을 당할 것이다.'고 하였는데 오늘의 일 역시 그러하다."

또 말씀하시기를

"나의 오늘 이 화(禍)를 누구를 원망하고 타박하리오마는 시사(時事)를 이런 극단에 이르게 한 것은 모두 소인배(少人輩)들이 죄를 결정하므로 이에 이른 것이다."

몸소 작은 책 상자를 들고 나와 상자 안에서 혁제소기(赫蹄所記)[154] 를 꺼내어들고 말씀하시기를

"이것은 내가 무자년(1648 인조 26)에 할아버지(청음선생)를 모시고 있을 때 들은 설화(說話)이다. 당시에 들은 것을 즉시 적었다. 어느 날 밤 할아버지께서 하교(下敎)하신 것을 기록한 것인데 다만 그 대지(大旨)[155]만 남아있다. 얼마 후에 다시 문장을 수정하고 윤문(潤文)[156]하려 하였으나 실행하지 못하였다. 그래서 창협에게 붓

아 올려 사형에 처하였다.

150) 내승(內乘): 내사복사(內司僕寺)의 한 벼슬.

151) 조정암(趙靜庵): 조광조(趙光祖)의 호이다. 그는 1482년(成宗 13)에 태어나서 1519년(中宗 14)에 사사되었다. 자는 효직(孝直), 시호는 문정(文正)이다. 1510년(中宗 5)에 진사시에 1등으로 합격하고, 1515년에 알성시(謁聖試)에 급제하여 전적(典籍), 정언(正言), 수찬(修撰), 교리(校理), 승지(承旨), 부제학(副提學)이 되어 조징의 폐단을 혁파하였다. 그러나 훈구대신(勳舊大臣)들의 모함으로 귀양가서 사사되었다.

152) 남곤(南袞): 1471년(成宗 2)에 태어나서 1527년(中宗 22)에 서세하였다. 자는 사화(士華), 호는 지정(止亭). 1494년(성종 25) 문과에 급제하여 벼슬이 대사헌, 대제학, 영의정에 이르렀다. 김종직(金宗直) 문하에서 공부하였는데 문장과 글씨가 뛰어났다. 기묘사화를 꾸민 사람이다. 자신도 잘못을 알고 죽을 때 사고(私稿)를 없애버렸다.

153) 재상(宰相): 중앙정부의 최고 책임자로 임금을 보좌하는 자의 총칭. 정3품 당상관 이상으로서 임금을 보좌하여 국무를 처리하던 관직을 재상이라 하였다.

154) 혁제소기(赫蹄所記): 문곡이 할아버지인 청음을 모시고 있으면서 들은 이야기를 적은 글.

155) 대지(大旨): 대강의 뜻. 대의(大意).

156) 윤문(潤文): 문장을 더 아름답게 다듬음.

을 들라하고 내 구두로 수정하고 윤문하여 별지에 쓰게 하였다.
할아버지께서는 집안사람들을 보시고 관직에서 물러나서 이미 지나간 일의 잘못을 말씀한데 대하여 말씀하시기를
'이와 같은데도 잘못이 아니라 하겠는가?' 하시고 문득 역정을 내시면서
'아무런 이익이 되지 않는 말을 뭐하러 하는가?'라 하셨다."

4월 7일

초 이래 날 창협이 또다시 묘문(墓文)[157]을 말씀드렸더니 지시하시기를
"만약 다른 사람에게 부탁할 곳이 없거든 김판서(金判書) 만중(萬重)[158]같은 이도 괜찮을 것이다."
창협에게 말씀하시기를
"너의 동생 시고(詩稿) 및 제공(諸公)의 서(序)는 이미 써서 한 책(册)으로 만들었다. 제문(祭文), 만사(挽辭)[159], 묘문류(墓文類)와 같은 것들은 마땅히 부록(附錄)에 붙여서 집에 보관하여도 될 것이다."
아들들이 간직하고자 필적(筆跡)[160]을 청하자 즉시 수십 장을 써서 주셨다. 나평강이 종이 두 장을 드리면서 글씨를 청하자 칠언절구(七言絶句)[161] 이수(二首)를 써서 주시면서 말씀하시기를
"이 글은 할아버지께서 심양관(瀋陽館)[162]에 계실 때 처조부

---

157) 묘문(墓文): 묘지(墓誌), 묘표(墓表), 묘갈명(墓碣銘)에 새기는 글. 즉 묘도문자(墓道文字).

158) 김만중(金萬重): 1637년(仁祖 15)에 태어나서 1692년(肅宗 18)에 서거하였다. 자는 중숙(重叔), 호는 서포(西浦), 시호는 문효(文孝). 현종 때 진사에 급제하고 이어 문과에 급제하여 대제학, 판서에 이르렀다. 유복자로 태어나서 아버지의 모습을 모르는 것이 한이 되어 어머니에게 극진히 효도하였다. 어머니를 위해 구운몽(九雲夢), 사씨남정기(謝氏南征記) 등을 짓기도 하였다.

159) 만사(挽辭): 죽은 이를 슬퍼하는 글.

160) 필적(筆跡): 손수 쓴 글씨나 그린 그림의 형적. 수적(手蹟).

161) 칠언절구(七言絶句): 일곱 자로 된 시구(詩句) 넷. 곧 28자로 된 한시의 시체(詩體).

님[163]께 보내신 것과 처조부님께서 강동현감(江東縣監)으로 계실 때 쓰신 별시(別詩)이다."

손자들을 위하여 사물(四勿)[164], 구용(九容)[165], 구사(九思)[166]를 쓰셨다.

팔괘정(八卦亭)[167]을 시제(詩題)로 읊은 오언율시(五言律詩) 1편을 써서 아들들에게 보이며 말씀하시기를

"내가 잠시 완산(完山)을 왕복할 때 여산(礪山)[168]에 있는 죽림서원(竹林書院)[169]을 지나가는데 유생(儒生)들이 이 시를 청하였다. 원운(原韻)은 남판서(南判書) 운경(雲卿)[170]이 창(唱)한 것이다. 도중에 구상을 하였으나 끝내 짓지 못하였는데 이제 낙구(落句)를 이루었다. 조만간에 서원의 유생들이 있는 곳에 전할 수 있게 되었다."

또 석담일곡시(石潭一曲詩)[171]를 쓰시고 다음에 주희의 무이도

---

162) 심양관(瀋陽館): 병자호란 후 인질로 잡혀간 소현세자(昭顯世子)와 봉림대군(鳳林大君) 등 조선 질자들이 묵던 집.

163) 처조부(妻祖父): 참의(參議) 나만갑(羅萬甲)임.

164) 사물(四勿): 해서는 안되는 네 가지 경계. 논어 안연(顏淵)에 「非禮勿視, 非禮勿聽, 非禮勿言, 非禮勿動」이라 하였다.

165) 구용(九容): 군자(君子)가 그 몸가짐을 단정히 함에 있어 취해야 할 9가지 자세.

166) 구사(九思): 아홉 가지 사물에 대하여 생각하는 일. 곧 논어 계씨편(季氏篇)의 시(視)에는 명(明), 청(聽)에는 총(聰), 안(顏)에는 문(問), 분(忿)에는 난(難), 득(得)에는 의(義)를 생각하라는 것.

167) 팔괘정(八卦亭): 충남 논산시 강경읍 황산리에 있는 조선시대의 정자. 충청남도 유형문화재 제76호. 김장생이 1626년에 황산시원(현 죽림서원)과 함께 지은 건물로 창살 무늬를 팔괘로 꾸며서, 팔괘정이라 불렀다고 한다.

168) 여산(礪山): 전라북도 익산군 여산면의 옛 이름. 1706년(숙종 32) 여산군이 되었다가 1914년 익산군의 한 면으로 편입되었다.

169) 죽림서원(竹林書院): 충남 논산시 강경읍 황산리에 있는 서원. 1626년에 지방유림의 공의로 이이, 성혼, 김장생의 학문과 덕행을 추모하기 위해 창건하여 위패를 모셨다.

170) 남운경(南雲卿): 남용익(南龍翼)의 자이다. 그는 1628년(仁祖 6)에 태어나서 1692년(肅宗 18)에 서거하였다. 호는 호곡(壺谷). 시호는 문헌(文憲). 1648년(仁祖 26)에 문과에 급제하여 1655년(孝宗 6) 좌참찬, 예문관제학에 이르렀고 1683년(肅宗 9)에는 예조판서를 겸임하였고, 1687년에는 양관(兩館) 대제학에 이어 이조판서가 되었다.

가운(武夷棹歌韻)[172]을 써서 우재(尤齋)[173]에게 전하게 하셨다.

"이것은 우재가 일찍부터 부탁해온 것이다. 창업이 일찍이 완산에서 지신단(地神壇) 일을 마치고 떠나시는 아버지께 분매(盆梅)[174]에 대하여 쓴 오언율시에 화운(和韻)[175]을 청하였는데 이제 생각이 난다. 내가 그간 너무 바빠서 생각할 겨를이 없었는데 이제 생각이 나서 쓴다."

라고 하셨다.

창협이 말씀드리기를

"평소에 친구 중에서 누구와 가장 친분이 깊었습니까?"

하고 물으니 대답하시기를

"실상 너의 장인[176]보다 더 가까운 친구는 없다. 이감사(李監司) 만웅(萬雄)[177] 또한 애지중지 여기는 사이여서 지금도 잊지 못하겠

---

171) 석담일곡시(石潭一曲詩): 즉 고산구곡가(高山九曲歌) 중에서 서곡(序曲) 다음에 나오는 일곡(一曲)이다. 그 내용은 1577년(宣祖 10) 율곡(栗谷) 이이(李珥)가 지은 연시조(連詩調)로 서곡을 포함하여 10수로 되어 있다. 해주(海州) 수양산(首陽山) 석담(石潭)에서 교육할 당시 그 곳의 특색 있는 경치를 읊은 것으로 서곡의 1곡에 관암(冠岩), 2곡에 화암(花岩), 3곡에 취병(翠屛), 4곡에 송애(松崖), 5곡에 은병(隱屛), 6곡에 조협(釣峽), 7곡에 풍암(楓岩), 8곡에 금탄(琴灘), 9곡에 문산(文山) 등으로 아름다운 풍경을 노래한 것이다. 일곡의 문장은「一曲은 어ᄃᆡ메오 冠岩에 ᄒᆡ빗 쵠다 平蕪에 ᄂᆡ거드니 遠山이 그림이라 松間에 綠樽을 노코 벗오ᄂᆞᆫ냥 보노라」이다.

172) 무이도가운(武夷棹歌韻): 무이산은 중국 복건성(福建省) 숭안현(崇安縣)에 있는 산인데 그 산에 경치가 아름다운 구곡(九曲)이 있다. 주희(朱熹)의 구곡가(九曲歌)가 있음. 운(韻)은 구곡가의 운을 말함.

173) 우재(尤齋): 우암(尤庵) 송시열(宋時烈)을 지칭.

174) 분매(盆梅): 화분에 심은 매화.

175) 화운(和韻): 한시(漢詩)의 한 체(體). 다른 사람이 지은 시의 운자(韻字)를 내서 시를 지어 응답함.

176) 장인: 이단상(李端相)이다. 그는 1669년(顯宗 10)에 서세하였으며 자는 유능(幼能), 호는 정관재(靜觀齋), 시호는 문정(文貞). 1649년(仁祖 27)에 문과에 급제하였다. 옥당(玉堂)을 거쳐 병조정랑이 되었다가 호당(湖堂)에 들어갔고 후에 청풍부사(淸風府使), 인천부사 등을 지냈다.

177) 이만웅(李萬雄): 부정자 기준(耆俊)의 증손으로, 할아버지는 현령 중기(重基)이고, 아버지는 동지중추부사 행건(行建)이며, 어머니는 청송심씨(靑松沈氏)로 대후(大厚)의 딸이다. 그는 1620년(光海君 12)에 태어나서 1661년(顯宗 2)에 서거하였다. 1639년(仁祖 17)에 진사시에 합격하고 10년 후에 재랑(齋郞)을 제수 받았으며, 1649년(孝宗 元年) 증광문과에 병과로 급제하여 삼사를 출입, 응교(應敎) 재임 시

다. 모두가 자품(資稟)이 순수(純粹)하고 명백(明白)하여 겉과 속이 다르지 않고 조정(朝廷)에 일이 생겨서 논의할 때에는 이론이 준정(峻整)[178]하였으니 간신(諫臣)[179]의 풍모가 있으며 온화한 가운데 강직(剛直)함이 있었다."

또 말씀드리기를

"홍감사(洪監司) 위(葳)[180]는 어떻습니까?"

대답하시기를

"홍감사 또한 친하기야 자리를 바꿀 수 없다. 오히려 이감사와 다른 점은 사람됨이 강직하며 정채(精采)가 있다. 때로는 고지식한 면이 있으며 또 겉과 속이 다르지 않다. 선배(先輩)는 기천(沂川) 홍공(洪公)[181]과 창주(滄洲) 김공(金公)[182]과는 매우 친하여 마음을 터놓고 지내는 사이라 다른 사람보다 가깝다."

창흡이하 모두에게 말씀하시기를

"너는 벼슬길에 나가기를 싫어하여 과명(科名)[183]을 단념했다하니 부자간이라도 어찌 타이르고 재촉하겠는가. 각자 지개(志槪)[184]가

에 효종의 특명으로 동래부사가 되었다.

178) 준정(峻整): 엄숙하게 가지런히 갖춤.

179) 간신(諫臣): 임금에게 옳은 말로 간(諫)하는 신하.

180) 홍위(洪葳): 1660년(顯宗 1)에 서세하였으며 자는 군실(君實), 호는 청계(淸溪). 인조 때 진사에 합격하고 1650년(孝宗 1) 문과에 급제하여 동래부사(東萊府使)로 나갔다가 곧이어 경상도관찰사(慶尙道觀察使)가 되어 숙폐를 일소하였고, 현종 즉위년에 승지기 되었다가 이듬해에 죽었다.

181) 기천(沂川): 홍명하(洪命夏)의 호이다. 그는 1607년(宣祖 40)에 태어나서 1667(顯宗 8)에 서세하였다. 자는 대이(大而), 시호는 문간(文簡). 1644년(仁祖 22) 문과에 급제하여 검열(檢閱)이 되었고 1646년(仁祖 24) 중시(重試)에 뽑혀 한성우윤(漢城右尹)에 올랐다. 1653년(孝宗 4)에 대사간, 이·예조 참판, 부제학, 대사헌을 역임하고 형조판서에 올랐다. 1663년(顯宗 4)에 우의정, 그 이듬해 좌의정, 영의정을 지냈다.

182) 창주(滄州) 김공(金公): 창주 김공은 곧 김익희(金益熙)이다. 시호는 문정(文貞). 1610년(光海君 2)에 태어나서 1656(孝宗 7)에 서세하였다. 사계(沙溪)의 손자로 1633년(仁祖 11) 증광문과(增廣文科), 병과(丙科)에 급제하여 승지, 판서를 거쳐 이조판서가 되었다.

183) 과명(科名): 과거에 급제한 과목(科目)의 이름. 진사(進士), 명경(明經) 등.

184) 지개(志槪): 지기(志氣). 어떤 사물을 이루려는 의지.

있음을 알면 강제로 뜻을 빼앗지 못하는 법이니 모르는 체하고 맡겨둔다. 너희들이 뒷날 처신할 때 모름지기 겸손(謙遜)과 외근(畏謹)[185]에 힘쓰도록 하여라. 중추적인 자리에 있을 때에는 더더욱 조심하지 않으면 안되느니라. 마음속에 분함이 맺혀 있으면 자연히 하는 일마다 부딪치게 되는 것이고 권세는 바뀌게 마련이니 의당 경계하여야 하느니라."

4월 8일

초 여드레 날 새벽. 창협이 입시를 하니 물으시기를

"청풍(淸風)[186]에서 왔느냐? 너의 동생과 누이의 표지(表誌)에 대한 일은 당초에 행록(行錄)[187] 중에 실려 있는 것은 평일(平日)의 언행(言行)인데 본래 모두 지문(誌文)에 나타나지 않게하려 하였으나 우옹(尤翁)이 문장을 잘라내거나 문자(文字)를 고치려 하지 않았기 때문에 내용이 상세하다. 표문(表文)은 이와 같이 할 필요가 없다. 다만 생몰연월(生沒年月) 및 인물(人物)을 적으면 대체로 되느니라. 너의 동생 지문(誌文)은 더욱 상세히 기재해야 된다. 관혼연월일(冠婚年月日) 같은 것을 모두 적어야 하느니라. 관례(冠禮)[188] 때 민판부사(閔判府事)[189]가 빈(賓)이 되었다. 이것 또한 적어야 하느니라. 경신연간(庚申年間 1680)에 관학(館學)[190]에서 제술(製述)[191]시험을 보아서 자못 좋은 점수로 뽑혔다. 이것 또한 쓰도록 하여라."

---

185) 외근(畏謹): 두려워하고 조심함.

186) 청풍(淸風): 충청북도 제천군(堤川郡)에 있는 지명. 1660년(顯宗 1)에 부(府)로 승격되어 부사를 두었다.

187) 행록(行錄): 사람의 언행을 기록한 글.

188) 관례(冠禮): 남자가 15~20세가 되어 관을 쓰는 성인(成人)이 되는 예식(禮式).

189) 민판부사(閔判府事): 곧 판의금부사(判義禁府事) 민진후(閔鎭厚)이다. 진후는 인현왕후(仁顯王后)의 오빠 유중(維重)의 아들이다. 문곡 맏아들의 둘째 딸이 유중의 손부이고 유중의 종형 정중(鼎重)의 손부가 문곡 맏아들의 맏딸이다.

190) 학관(學館): 학당(學堂).

191) 제술(製述): 시나 문장을 지음.

누이동생 송참판부인(宋參判夫人)[192]에게 보낼 영결서를 쓰셨다.

나평강이 들어와서 "이 고을 사또께서 술과 안주를 가져와서 영결코자 합니다."고 말씀드리니 머리를 가로저으며

"불가(不可) 불가(不可)."라 하셨다.

창협이 묻기를

"증조할아버지[193]의 언행사적(言行事蹟)은 표(表), 지(誌), 연보(年譜) 등의 문자(文字)에 자세히 실려 있으나 그 자품(資稟)이나 기상(氣像)은 오히려 명백히 형용된 곳이 없으니 듣기를 원합니다."

대답하시기를

"할아버지의 자품(資稟)은 청명간중(淸明簡重)[194]하셨고 기상은 종용안화(從容安和)[195]하셨으며 손님과 친구를 접대함에는 응대(應對)가 매우 간단하여 절대로 군말이나 번잡한 말씀을 하지 않으셨다. 뜻이 한쪽으로 기울어지면 또 돌려 말씀을 하셔서 화기애애하게 하셨으며 자신은 우두커니 앉아 있다가 서로의 대화가 어느 정도 끝나면 상대하셨다. 평생 언론(言論)이 엄정(嚴正)하여 다른 사람이 감히 범할 수가 없었다. 즐겁지 않으면 눈에 엄한 시각을 나타내셨다. 그러나 집에 계실 때 다른 사람들과 교제하심에는 자상하고 인자하고 후덕하셔서 일찍이 매우 화를 내시거나 조급하게 일을 처리하신 적이 없으셨다. 그러나 자제(子弟)에게 허물이 있으면 반드시 정색을 하시고 꾸짖으셨다. 꾸짖을 때에는 의기(意氣)가

---

192) 송참판부인(宋參判夫人): 누이 동생. 송참판은 송규렴(宋奎濂)이다. 그는 1630년(仁祖 8)에 나서 1709년(肅宗 35)에 서세하였다. 자는 도원(道源), 호는 제월당(霽月堂), 시호는 문희(文僖)이다. 19세에 사마시에 합격하고 25세에 명경과(明經科)에 급제하여 효종 때 사예, 응교 등을 지냈다. 숙종 때는 사간으로서 예론으로 사화가 일어나 귀양간 송시열, 송준길의 무죄를 상소하였다가 파면되었다. 1680년에 사면받아 수찬, 공조참의를 거쳤고 1689년(肅宗 15) 기사환국 때 화를 피해 고향에서 두문불출하다가 1699년(肅宗 25)에 70세로 기사(耆社)에 들어간 뒤 우참찬, 예조판서를 지내고 80세에 숭정대부(崇政大夫)로 지돈령부사를 지냈다.

193) 증조할아버지(曾祖考): 청음(淸陰) 김상헌(金尙憲)임.

194) 청명간중(淸明簡重): 마음이 맑고 밝아 흐림이 없고 번잡한 것을 싫어함.

195) 종용안화(從容安和): 유유자적하며 온순하고 인자함.

매우 엄하셨다. 우리 형제와 자매가 한 곳에 모여 간혹 조금 방종하게 서로 어울려 웃으면 꼭 불러다 꾸짖으시기를 '남녀 간에는 비록 동기(同氣)라 하더라도 절대 이같이 해서는 안 된다. 자손들이 부족함을 보고 배워 두루 삼가지 않으면 마음의 병이 될 것이다. 매일매일 일처리에 작은 것 하나하나도 조심하여 털끝만큼이라도 소루(疏漏)하게 하지 않아야 자질구레한 번거로움에 병들지 않을 것이다.'라고 하셨다. 성품은 화려함을 좋아하지 않으셨고, 의상은 모두 간결한 법식을 따르셨다. 그러나 거처는 매우 산뜻하고 정결하게 하시었다. 구포(鷗浦) 나공(羅公)[196]이 일찍이 말씀하시기를 '일찍이 위리안치(圍籬安置)되셨을 때 찾아뵈었는데 우거하시는 곳이 겨우 한 칸 정도의 작은 집이였는데도 매우 깨끗이 청소하여 텅 빈 집에 티끌 하나 없었다.'고 하셨다. 식성(食性)도 매우 청결(淸潔)하시어서 젓갈과 식초 같은 식품은 절대 입에 대지 않으셨다. 증조할아버지[197]께서 할아버지의 이런 식성을 아시고 식사 때가 되면 할아버지 옆에 계시면서 젓갈과 식초는 상에서 내리라고 명을 내리실 때도 있었고 다른 행사에서도 꼭 살피어서 할아버지의 뜻에 맞지 않은 것은 하지 않으셨다. 할아버지께서 스스로 말씀하시기를 '내 자품(資禀)은 본래 온화한 기풍(氣風)이 조금 있었다.'고 하셨다. 기문(記文)[198]에는 '엄격하고 매우 삼가는 성품은 어버이를 섬기는 도리가 아니여서 매번 이것이 병이 되었는데도 이 성격을 뜯어 고칠 수 없었다.'고 하였다.

---

196) 구포(鷗浦): 나만갑(羅萬甲)의 호이다. 나만갑은 문곡의 처조부이다. 그는 1592년(宣祖 25)에 태어나서 1642년(仁祖 20)에 서세하였다. 자는 몽래(夢賚). 1613년(光海君 5)에 진사과 1위로 합격하여 성균관에 입학하였으나 뒤에 인목대비(仁穆大妃)의 서궁유폐(西宮幽閉) 사건이 일어나자 벼슬을 버리고 어머니를 모시고 고향에 내려가 독서로 세월을 보냈다. 인조반정 후 알성과에 급제하여 형조참의가 되었다. 병자호란 때에는 남한산성에 들어가 공조참의로서 식량공급에 큰 공을 세웠다.

197) 증조할아버지(曾祖考): 곧 대효(大孝)이다. 그는 1531년(中宗 26)에 태어나서 1572년(宣祖 5)에 서세하였다. 자는 희순(希舜)이며 음으로 삼가현감(三嘉縣監)을 지냈으며 뒤에 영의정을 추증받았다.

198) 기문(記文): 기록문(記錄文). 어떤 사실을 기술한 글.

할아버지께서 일찍이 임해옥(臨海獄)[199]에서 나오신 후에 지제교(知製敎)[200]로써 토역공신회제문(討逆功臣會祭文)[201]을 지어 올리셨다가 몇 번이나 화를 당하시었다. 그 글을 '너희들은 보았느냐 아니냐?'하고 물으시기에 대답 드리기를 '아직 보지 못하였습니다.'고 하였더니 말씀하시기를 '그때 공신 최유원(崔有源)[202]이 그 글을 보고 대노(大怒)하여 이는 곧 우리들을 가르켜 무고(誣告)[203]한 것이라고 말했다.'라고 하셨다. 그가 반역죄(反逆罪)[204]를 씌우고자 할 것이므로 일이 장차 어떻게 될는지 예측하지 못하여 잠시 월사(月沙)[205] 등 여러 사람들과 같이 할아버지를 위하여 구제방법을 백단(百端)[206]으로 찾았으나 끝내 찾지 못하였다. 최(崔)가 평소에 오성(鰲城)[207]을 가장 존경하였다. 그가 어느 날 오성을 찾아

---

199) 임해옥(臨海獄): 청음선생이 지제교가 되신 해가 1600년이니까 그 전해에 잠시 바닷가에 유거하셨던 듯하다.

200) 지제교(知製敎): 왕에게 교서(敎書) 등을 기초(起草)하여 바치는 일을 맡아보았다. 세종 때는 집현전 학사(學士)들이 지제교를 겸직하였으며 그 뒤에는 홍문관 부제학(副提學: 正三品)이하 부수찬(副修撰: 從六品)까지의 관원이 모두 지제교를 겸임하였다. 이를 내지제교(內知製敎)라 하고 이와 별도로 대제학(大提學)이 이조판서와 상의하여 6품 이상의 문관을 초계(抄啓)하여 지제교를 겸임시키는 것을 외지제교라 하였다.

201) 토역공신회제문(討逆功臣會祭文): 1592년 이몽학(李夢鶴)의 난을 토벌한 공신의 제문인 듯하다.

202) 최유원(崔有源): 1561년(明宗 16)에 태어나서 1614년(光海君 6)에 서세하였다. 자는 진백(進白), 호는 추봉거사(秋峰居士) 또는 화암(花岩). 율곡(栗谷)에게 글을 배웠다. 1602년(宣祖 35) 문과에 급제하여 대사간, 대사헌을 지내고 해천군(海川君)에 피봉되었다. 늘 절도를 지키고 의에 죽는 것을 영광으로 여긴다고 하면서 인목대비를 폐하려 할 때 극렬반대 하였다.

203) 무고(誣告): 없는 일을 있는 것처럼 꾸며서 다른 사람을 관청에 고발함.

204) 반역죄(反逆罪): 국가의 주권을 뺏으려고 한 죄.

205) 월사(月沙): 이정귀(李廷龜)의 호이다. 자는 성징(聖徵), 시호는 문충(文忠)이다. 1590년(宣祖 23) 문과급제, 1592년 임진왜란을 만나 병조참지(兵曹參知)가 되어 명나라 구원병을 잘 인도하였다. 광해군 즉위 후 병조판서와 예조판서를 지냈으며 이괄의 난 때 왕을 공주(公州)로 모시고 정묘호란 때에는 왕을 모시고 강도(江都)에 피난하여 화의를 반대하였다. 우의정에 이르러 서거하였다.

206) 백단(百端): 온갖 일의 실마리.

207) 오성(鰲城): 이항복(李恒福)이 오성군(鰲城君)에 피봉되었으므로 그렇게 부른다. 그는 1556년(明宗 11)에 태어나서 1618년(光海君 10)에 서세하였다. 자는 자상(子

뵈니 오성이 말씀하시기를 '공이 김모씨(金某氏)의 제문에 관한 일로 장차 더욱 더 미워할 것이라 들었는데 이런 일이 있는가?' 라고 물으니 대답하기를 '예, 있습니다.'라 하였다. 오성이 적극 해결코자 아니하고 말하기를 '김모씨가 문자(文字)로 죄를 얻어 죽었다면 무엇이 부끄럽겠는가? 다만 공이 조정의 중신(重臣)인데 문자 때문에 다른 이를 벌한다면 나도 어찌 해야 할지 모르겠다.' 라고 하니 최가 이 한 마디를 듣고 그가 의도하였던 생각을 바꿨다. 그래서 할아버지께서는 죄를 면하게 되셨느니라. 할아버지께서 일찍이 스스로 말씀하셨는데 전후하여 문자 때문에 화액(禍厄)[208]을 당한 것이 가장 많았다. 이 또한 명수(命數)[209]와 관련이 있을 듯하다. 그 중 하나는 광해군(光海君)이 그 소생을 추존(追尊)[210]할 때에 중조사전(中朝辭箋)[211]을 제진(製進)[212]하셨는데 모귀유자관과(母貴由子觀過)[213]라는 문장을 쓰셔서 대간(臺諫)이 삭탈관직(削奪官職)을 논계(論啓)[214]하였다. 또 하나는 인조 때 월정(月汀)[215]의 시장(諡狀)[216]을 쓰셨는데 신묘사화(辛卯士禍)[217]를 서술

常), 호는 필운(弼雲), 청화진인(淸化眞人), 동강(東岡), 백사(白沙). 시호는 문충(文忠). 1580년(宣祖 13) 문과에 급제하여 호당(湖堂)을 거쳐 옥당(玉堂)에 들어가 선조의 신임을 받았다. 1592년 왜란이 일어났을 때 도승지가 되어 왕을 모시고 임진강을 건너 개경에 도착하여 이조참판이 되어 오성군에 피봉되었다. 선조의 피난처에서 병조판서를 다섯 번을 지내면서 군을 정비하였고 명나라 청병문제도 해결하였다. 뒤에 벼슬이 영의정에 이르렀다.

208) 화액(禍厄): 재앙과 곤란.

209) 명수(命數): 하늘이 준 운명. 천명(天命).

210) 추존(追尊): 죽은 뒤에 존호(尊號)를 줌.

211) 중조사전(中朝辭箋): 조정안의 기록

212) 제진(製進): 왕명을 받아 시문(詩文)을 초하여 올림.

213) 모귀유자관과(母貴由子觀過): 어미의 귀가 아들로서 어질고 어질지 않음이 정해진다는 뜻.

214) 논계(論啓): 임금에게 그 잘못을 따져 간함.

215) 월정(月汀): 윤근수(尹根壽)의 호이다. 그는 1537년(中宗 32)에 태어나서 1616년(光海君 8)에 서세하였다. 자는 자고(子固), 시호는 문정(文貞)이다. 1558년(明宗 13) 문과에 급제하여 부수찬(副修撰)에 이르러 조광조의 설원을 청하다가 왕의 뜻에 거슬려 과천(果川) 현감으로 좌천되었으며 1592년 임진왜란 때 판중추부사(判中樞府事)에 올라 명나라에 구원을 청하여 국난극복에 힘썼다. 1597년 정유재란 때 중

하시면서 이산해(李山海)[218]가 깊이 관여한 사실을 언급하셨다. 인조는 언어로써 인빈(仁嬪)[219]을 범하였다하여 크게 노하여 엄중한 교시(教示)를 내린 일이 있다. 또 하나는 회맹제문(會盟祭文)[220]에 관한 일이다.

계운궁(啓運宮)[221] 상사(喪事)에 예조판서가 갑자기 유고가 생겨서 할아버지께서 타관(他官)[222]으로써 갑자기 대섭(代攝)[223]하셨는데 조용하고도 여유 있게 상예의 절차를 따라 모두 예를 갖추어 진행하셔서 잘못된 것이 없었다. 한때 모두가 주도면밀한 일처리에 승복하였다. 풍양(豊陽) 장선징(張善瀓)[224] 형이 일찍이 그 소문이

전(中殿)을 모시고 수안(遂安)에 다녀와서 판의금부사(判義禁府事)에 임명되었다. 호성(扈聖) 공신에 책록되었다.

216) 시장(諡狀): 고관(高官)이나 학자들에게 시호(諡號)를 주려고 관계자들이 의논하여 임금에게 건의할 때 그의 생존시에 한 일들을 적은 글.

217) 신묘사화(辛卯士禍): 1591년(宣祖 24) 8월 13일 경 양천경·천회 형제는 강해, 김극관, 김극인, 조응기와 함께 무고죄로 잡혀와 국문을 당하였다. 그 과정에서 양천경·천회 형제와 강해 3인은 정철의 암시를 받아 최영경이 길삼봉이라는 사실 무근의 말을 지어냈다고 자백하였다. 이로 인해 정철은 함경도로 유배갔고 이들 3인은 수사받는 과정에서 곤장을 맞다 죽고 말았다. 이 사건을 후세 사람들은 신묘사화라고 부른다.

218) 이산해(李山海): 1539년(中宗 34)에 태어나서 1609년(光海君 1)에 서세하였다. 자는 여수(汝受), 호는 아계(鵝溪) 또는 종남수옹(終南睡翁), 시호는 문충(文忠)이다. 1561년(明宗 16) 전시(殿試) 병과(丙科)에 급제하여 1578년(宣祖 11)에 대사간에 이르러 삼윤(三尹: 斗壽, 根壽, 晛)의 죄를 탄핵하였다. 1590년(宣祖 23) 영의정에 올라 광국공신(光國功臣 - 宗系辨誣의 功) 3등에 책록되었다. 세자책립의 논의가 일어나자 아들 경전(慶全)을 시켜 김공량(金公諒 - 金嬪의 兄)에게 정철(鄭澈)이 김빈과 신성군(信城君)을 배척한다는 말을 진하여 한 때 물의를 일으켰다. 1600년(宣祖 33) 다시 영의정이 되고 아성부원군(鵝城府院君)에 피봉되었다가 죽었다.

219) 인빈(仁嬪): 선조의 총빈(寵嬪).

220) 회맹제문(會盟祭文): 아마 인조 때 소무(昭武), 영사(寧社), 영국(寧國) 공신 중 하나의 희맹제 때 사용한 제문일 것이다.

221) 계운궁(啓運宮): 인헌왕후(仁獻王后)의 궁호(宮號). 원종(元宗)의 비로 1578년(宣祖 11)에 태어나서 1626년(仁祖 4)에 훙하였다. 성은 구(具)씨로 인조의 어머니.

222) 타관(他官): 원래의 장직(掌職)이 아닌 관료(官僚).

223) 대섭(代攝): 대리로 일을 처리함.

224) 장선징(張善瀓): 1614년(光海君 6)에 태어나서 1678년(肅宗 4)에 서거하였다. 자는 정지(淨之), 호는 두곡(杜谷), 시호는 정장(定莊). 효종 때 공조정랑, 배천(白川) 군수를 역임하였다. 헌종 때에는 철원군(鐵原郡) 도호부사로 병과에 급제하여 병조참

이와 같음을 말하였다.

할아버지께서 정축년(1637, 인조 15) 안동(安東)에 돌아오신 후 풍산구가(豊山舊家)[225]에 살으셨는데 지금도 그 집이 남아있다. 그때 우리 형제[226]가 할머니를 모시고 집 건너편 모씨(某氏) 집에 살면서 매일 아침 할아버지께 가서 문안드리고 청원루(淸遠樓) 아래 작은 방에 앉아서 온종일 책을 읽었다. 그때는 병자호란(丙子胡亂)[227] 직후라서 다른 서적은 없고 당본한문초(唐本韓文抄)[228] 및 기사본말(紀事本末)[229]만 있어서 그 책만 따라 읽을 수밖에 없었다. 할아버지께서는 일찍이 한문(韓文)은 거의 100번을 읽었으나 기사본말은 그때 보셨다."

"증조할아버지의 주량(酒量)은 얼마나 되었습니까?"

하고 물으니 말씀하시기를

"젊으실 때의 주량은 매우 많았으나 중년에는 조심을 하셔서 절대로 과음(過飮)하지 않으셨다. 만년에 안동에 계실 때에는 한 방에 늘 홀로 주무셨는데 집안 식구들이 침소 곁에 술병을 가져다 두면 대략 네다섯 잔씩 마시셨다. 매일 한밤중에 꼭 혼자 일어나셔서 산야(山野)를 방황하셨는데 생각나시는 대로 멀고 가까운 곳을 가리지 않고 돌아다니시다가 닭이 울 무렵 침소(寢所)[230]로 돌아오시곤 하셨는데 이슬에 몸이 흠뻑 젖으셨다. 곧장 술을 가져다 자작(自酌)[231]하시고 잠드셨다. 다음 날 아침 집안 식구들이 가서 보면

판이 되어 아버지의 작을 이어받아 풍양군(豊陽君)에 피봉되고 호조판서가 되었다.

225) 풍산구가(豊山舊家): 지금 안동군 풍산면 소산리(素山里)에 청원루(淸遠樓) 등 구가(舊家) 일부가 남아 있다.

226) 형제: 수증(壽增; 谷雲, 工曹參判), 수흥(壽興; 退憂堂 , 領議政), 수항(壽恒; 文谷, 領議政) 삼 형제다.

227) 병자호란(丙子胡亂): 1636년(仁祖 14)부터 1637년(仁祖 15)까지 청 태종의 침입으로 일어난 우리나라와 청나라와의 전쟁.

228) 당본한문초(唐本韓文抄): 당나라 본(本) 한유(韓愈)의 글을 초한 책.

229) 기사본말(紀事本末): 연대나 인물에 중점을 두지 않고 사건에 중점을 두어 그 전말을 적은 역사.

230) 침소(寢所): 침실(寢室). 잠자는 방. 곧 청원루이다.

231) 자작(自酌): 술을 손수 따라 마심.

술병이 비어 있었다. 청음선생문집(淸陰先生文集) 중에는 '야삼경에 집을 나가 남쪽 북쪽 밭둑에서 달을 쳐다보며 바람을 쫓아 홀로 걸었네(南阡北陌夜三更, 望月追風獨自行)'라는 일절(一絶)이 나오는데 이때 지으신 것이다."

창집이 말씀드리기를

"일찍이 영안위(永安尉)[232]의 연석(宴席)[233]에서 음주하신 일에 대하여 여러 가지 말이 있다고 들었습니다만."

대답하시기를

"영안위(永安尉)의 어버이 수연(壽宴)[234]때 일이다. 그때 월사(月沙)가 수석(首席)에 앉아 있었다. 주연(酒宴)이 한창 무르익어갈 무렵 할아버지께서 월사에게 말씀하시기를 '일찍이 선인(先人)의 수연석(壽宴席)에 대감(大監)[235]이 오셔서 흠뻑 취하여 돌아갔다 하여 마음속으로 늘 기쁘게 생각하고 있었습니다. 내 비록 술을 잘 마시지 못하나 오늘은 공을 뵙고 실컷 마시려 합니다.'라고 하시고 드디어 술잔을 들어 서로 교환하기 시작하여 잔만 차면 곧장 마시셨다. 월사가 할아버지께 말씀하시기를 '영공(令公)[236]의 주량이 이처럼 홍대(洪大)하신대 평일(平日)에는 절대 마시지 않으니 어떤 일입니까?' 할아버지께서 말씀드리기를 '나의 음주(飮酒)에는 두 가지 병이 있소. 하나는 술을 마신 후에 두통(頭痛)이 몹시 심한 것이고 또 하나는 취중(醉中)에 반드시 우언(愚言)을 내뱉어서 다른 이들이 접촉하기를 꺼려함으로 마시지 못합니다.'고 하셨다. 이미 월사가 크게 취하여 쓰러지고 백주형제(白洲兄弟)[237]도 대작(對酌)

---

232) 영안위(永安尉): 홍주원(洪柱元). 1606년(선조 39)~1672년(현종 13). 선조의 사위. 자는 건중(建中), 호는 무하옹(無何翁), 본관은 풍산. 이정귀(李廷龜)의 외손자. 외조부와 김류(金瑬)에게 수학했다. 1623년(인조 1)에 정명공주(貞明公主)와 결혼하여 영안위에 봉해졌다.

233) 연석(宴席): 연회를 베푸는 자리.

234) 수연(壽宴): 오래 삶을 축하하는 잔치.

235) 대감(大監): 정이품 이상의 벼슬아치를 높여 부르던 말.

236) 영공(令公): 중서령(中書令)에 대한 존칭.

237) 백주형제(白洲兄弟): 백주는 이명한(李明漢)의 호이다. 그는 1595년(宣祖 28)에

하다가 모두 취하였다. 이에 할아버지께서는 영안위를 불러 말씀드리기를 '공(公)이 나와 함께 마셔야 하겠다.'라 하시고 드디어 바짝 다가가 앉으셔서 가만히 희언(戲言)[238]을 하셨다. 영안위가 술기운이 도는 것을 보시고 조용히 대작하시다가 밤이 깊어서야 주연을 파하고 집으로 돌아오셨다. 돌아오시는 길에 학곡(鶴谷)[239]을 방문하시어 또 술을 마시고 가셨다. 영안위는 늘 그때 일을 말씀하시기를 '평일(平日)에 대감(大監)을 반차(班次)[240]나 도로(道路)에서 바라보면 엄숙하고 두려워서 가까이 못할 분이라 여겼는데 이날 손잡고 해학(諧謔)[241]을 하는 자리를 가졌으니 마음에 늘 만행(萬幸)이라 생각하였다.'고 하셨다.

합계(合啓)[242]를 올렸다는 소식을 듣고 젊었을 때의 사적(事蹟)은 연보(年譜)[243]의 예와 같이 기록하였는데 겨우 병술연간(丙戌年間 1646)까지만 언급하셨다. 이에 이르러 저희들에게 간략히 보충하라 하시었으나 등제(等第)하신 해에 이르러서는 창협에게 붓을 들어 쓰라고 명을 내리셨다. 유가서(儒家書)[244]의 일단(一段)을 섭렵(涉獵)[245]하기에 이르렀다 하셨으니 여기에서 수십 자를 고치었다."

태어나서 1645년(인조 23)에 서세하였다. 자는 천장(天章), 호는 백주(白洲), 시호는 문정(文靖). 1616년(光海君 8) 문과에 급제하여 정자(正字)로 시작하여 강원감사, 대사헌, 도승지, 대제학을 거쳐 이조판서를 지내고 예조판서로서 서세하였다.

238) 희언(戲言): 익살로 하는 말.

239) 학곡(鶴谷): 홍서봉(洪瑞鳳)의 호이다. 그는 1572년(宣祖 5)에 태어나서 1645년(仁祖 23)에 서세하였다. 자는 휘세(輝世), 시호는 문정(文靖)이다. 1594년(宣祖 27) 문과에 급제하여 이조좌랑에 이르렀을 때 그의 명망을 시기하는 자의 무고로 파직되었다. 후에 다시 기용되어 병·이·예조판서를 거쳐 좌의정에 이르렀다. 1641년(仁祖 19)에 부원군에 진봉되고 영의정이 되었다.

240) 반차(班次): 지위의 순서. 석차(席次). 반열(班列).

241) 해학(諧謔): 익살스럽고도 품위 있는 조롱.

242) 합계(合啓): 사간원, 사헌부, 옥당(玉堂) 가운데 두 군데나 세 군데에서 영합하여 함께 올리는 계사(啓辭).

243) 연보(年譜): 어떤 사항이나 사람의 일생에 대하여 편년체(編年體)로 적은 기록. 한 사람의 연대기(年代記).

244) 유가서(儒家書): 유가의 서적.

245) 섭렵(涉獵): 널리 책을 찾아내어 읽음.

창흡이 묻기를

“평생을 문한(文翰)[246]에 종사하셨는데 국가에 얼마나 이바지 하셨습니까?”

대답하시기를

“나는 어렸을 때에 외조모님을 좇아 원주(原州)에 가서 오래 머물렀다. 열 살 때 사략(史略)[247]을 읽기 시작하였으나 글을 짓는 것은 배우지 않았다. 안동에 가서는 할아버지에게서 글을 배웠다. 할아버지는 배운 것을 읽고 외우게 하시고 나머지 시간에는 제술(製述)[248]을 겸해서 익히게 하셨다. 그래서 날마다 제목을 청해서 시를 지었다. 또 틈이 나면 스스로 제목을 내어 하루에 두어 편을 지었다. 또 때에 따라서는 부체(賦體)를 본받기도 하였는데 언제나 일과(日課)에 빠지는 일이 없었다. 이 때문에 스스로 깨우치기도 하여 날로 학문이 진보하는 효력이 나타났다. 조정의 명이 있어 할아버지는 어쩔 수 없이 북쪽 심양(瀋陽)으로 가시고 더 이상 전과 같이 공부에 힘을 쏟을 수 없게 되었으니 좋은 시절을 놓쳐버리게 되어서 아주 일찍 과거를 보았다. 관직에 처음 오른 이래로 거의 하루도 글 읽을 여가가 없었으니 평생 읽은 것이 실상 남이 깔보고 업신여길 만하다. 경서(經書)도 두루 읽지 못하였고 좌(左), 마(馬), 한(韓), 류(柳)[249]의 글들도 역시 골고루 살펴보지 못하였다. 내 일찍이 상서(尙書)[250] 및 한서(漢書)[251]를 좋아하여 매번 많이 읽으려 하였으나 역시 50번을 넘지 못하였으니 다른 것은 알만하

---

246) 문한(文翰): 글 짓는 일에 관계되는 일.

247) 사략(史略): 간단하게 기술한 역사책. 십팔사략(十八史略)일 것이다.

248) 제술(製述): 시나 문장을 지음.

249) 좌(左), 마(馬), 한(韓), 류(柳): 좌는 좌구명(左丘明)으로 저서에 춘추좌씨전(春秋左氏傳), 국어(國語) 등이 있으며, 마는 마반(馬班)은 사마천(司馬遷)과 반고(班固) 두 사람으로 사기와 한서를 지었다. 한은 한유(韓愈)를 말하며 류는 류종원(柳宗元)을 말한다.

250) 상서(尙書): 서경(書經)의 이칭(異稱). 5경(經) 및 13경의 하나. 상고에는 서(書)라 하였고 한(漢) 때에는 상서라 하였으며 송(宋) 때에는 서경(書經)이라 하였다.

251) 한서(漢書): 후한 반표(班彪)의 뜻을 이어 아들 반고(班固)가 지었다.

지 않느냐? 시(詩)와 서(書) 역시 그러하다. 당음(唐音)[252] 및 한유(韓愈)[253]와 두보(杜甫)[254]의 문장을 읽을 때에도 역시 백 번 읽는 것이 드물었다. 공부함이 이와 같을 뿐이니 그밖이야 알만하지 않느냐? 문장(筆翰)도 스스로 재품(才品)이 가장 뛰어나다고 생각하고 문재(文才)를 다른 사람들과 비교해 보지도 않고 가만히 앉아서 전력을 다해보지도 않고 또 대가의 글을 모방해 보지도 않고 하여 한도를 채울 수 없었다. 한산숙부(韓山叔父)[255]께서 일찍이 말씀하시기를 '너의 글씨 쓰는 힘이 대단하구나. 젊어서 연습을 많이 한다면 반드시 명필(名筆)이 되겠다.'고 하셨다. 그러나 애석하게도 그렇게 하지 못했다."

또 묻기를

"기억력은 어떠하셨습니까?"

하니 대답하시기를

"젊었을 때에는 총명하고 영리하여서 애강남부(哀江南賦)[256]를 여섯 번 읽고 외웠으며 아이 때에는 사략(史略) 3책 이상을 읽었는데 지금까지도 명확히 기억한다."

창집이 묻기를

"일찍이 박승지(朴承旨) 세견(世堅)[257]의 말을 들으니 책 3~4줄을

---

252) 당음(唐音): 원(元)나라 양사굉(楊士宏)이 당대 사람의 시를 엄선하여 수록한 책으로 모두 14권이다.

253) 한유(韓愈: 768~824): 자는 퇴지(退之), 시호는 문공(文公), 하남성 창려(昌黎)사람. 당송팔대문장가의 한 사람. 류종원과 함께 고문(古文) 부흥에 힘썼다.

254) 두보(杜甫: 712~770): 성당(盛唐)의 대시인. 자는 자미(子美), 호는 소릉(少陵)이며 양양(襄陽) 사람이다. 두릉(杜陵)에 있었기 때문에 스스로 두릉의 포의(布衣), 소릉의 야로(野老)라 하였다. 저서에 두공부집(杜工部集)이 있다.

255) 한산숙부(韓山叔父): 숙부라면 아버지 광찬(光燦)의 생가의 세 동생 중 한 분일 것이다. 즉 절충(折衝) 광업(光[illegible]). 상의원별제(尙衣院別堤) 광적(光熵), 막내 광두(光炓).

256) 애강남부(哀江南賦): 북주(北周)의 유신(庾信)이 양(梁)의 멸망을 슬퍼하며 지은 부(賦).

257) 박세견(朴世堅): 1619년(光海君 11)에 태어나서 1683년(肅宗 9)에 서거하였다. 자는 중고(仲固). 1654년(孝宗 5)에 문과에 급제하여 현종 때 우승지에 이르렀다. 군읍(郡邑)을 다스릴 때 청렴하여 백성의 환심을 샀으나 벼슬아치들의 비위에 맞지

한꺼번에 읽어 내려갔었다고 하던데 그렇습니까?"

하니 대답하시기를

"그렇다."

라고 하셨다. 창집이 또 묻기를

"항상 곁에서 모실 때 절제(節制)[258] 있게 책 보시는 것을 가만히 엿보았습니다. 비록 예사롭고 쉬운 문자해석을 하시더라도 반드시 아래위로 반복하면서 오랫동안 생각해 보시던데 이것이 깊은 뜻을 찾는 방법이옵니까?"

대답하시기를

"이것은 내가 책을 보는 병폐(病弊)의 하나이다. 종전부터 고치고자 하였으나 고칠 수 없었다. 그 대지(大旨)[259]는 대략 이해하더라도 일자반구(一字半句)[260]라도 조금 의문스러운 점이 있으면 그냥 내버려 둘 수 없어 꼭 명백히 이해가 된 뒤에야 시원했다."

또 묻기를

"선배 중에서 추천하여 칭찬해 주신 이는 어느 분입니까?"

"내가 소년 때 소과(小科)[261]를 봤을 때 택당(澤堂)[262]이 대제학(大提學)이 되었다. 일찍이 오호도시취정언(嗚呼島詩取正焉)[263]라 지은 것을 이때 마침 조참의(曹參議)[264]가 좌중에 있었는데 택당이

않아 많은 중상모략을 받았다.

258) 절제(節制): 알맞게 정함.

259) 대지(大旨): 대지(大指), 대의(大意).

260) 일자반구(一字半句): 아주 작은 부분.

261) 소과(小科): 과거제도에는 문과와 무과가 있는데 문과는 생진과시(生進科試)라는 소과와 문과라 부르는 대과가 있었다. 이중 소과는 초시(初試)와 복시(覆試)의 2단계가 있어서 여기에 합격된 자는 대과에 응할 자격을 주었다.

262) 택당(澤堂): 이식(李植)의 호이다. 1584년(宣祖 17)에 태어나서 1647년(仁祖 25)에 서세하였다. 자는 여고(汝固), 시호는 문정(文靖)이다. 1610년(光海君 2) 문과에 급제하여 1617년에 선전관이 되었으나 마침 폐모론이 일어나자 벼슬을 버리고 고향에 있다가 인조반정(1623년) 때 이조좌랑이 되었다. 1642년(仁祖 20)에 청나라에서 김상헌과 합심하여 주화(主和)를 반대한다하여 붙잡혀 갔었다. 벼슬은 대사헌, 형조·이조판서에 이르렀다. 장유(張維)와 더불어 당대의 문장가였다.

263) 오호도시취정언(嗚呼島詩取正焉): 아아 도시가 과녁을 맞추었다.

264) 조참의(曹參議): 조한영(曺漢英: ?~1670)일 가능성이 크다.

조참의에게 붓을 들어 비점(批點)[265]을 찍게 하시고 우등(優等)으로 평정(評定)하였다. 이것이 자못 장려하는 바가 되었다. 후에 학당(學堂)[266]에서 합격자를 부를 때 택당이 그 여러 사람 가운데 나를 불러 말씀하시기를 '근래 거자(擧子)[267]들이 과문(科文)을 지은 것을 보니 대개가 몽진(蒙塵)[268]이었는데 군(君)의 시는 유독 순결(純潔)[269]하니 즐겁구나. 고풍(古風)[270]을 짓는 일에 힘써서 학문 영역을 더욱 넓게 개척토록 하게나.'하셨다. 또 곧장 다른 사람들에게 말씀하시기를 '이번 사마시(司馬試)[271]에서 김모(金某)를 장원(壯元)[272]으로 삼았음은 그저 평범한 인재들이 합격하던 관습을 씻을만한 일이다.'고 하셨다. 채호주(蔡湖洲)[273]도 역시 나의 시문을 일부러 가져갔다. 일찍이 호당(湖堂)[274]에서 올린 삭계시(朔啓詩)[275]를 보시고 '이는 어진 임금의 문수(文手)이다.'라 말씀하셨으며 뜻한 바가 있어서 대제학을 시켜 직접 나에게 전하고자 한 것이다. 그러므로 당시의 또래들은 늘 채(蔡)를 나의 참된 친구라 하였다. 유시남(兪市南)[276]이 나의 시를 매우 좋게 칭찬하

---

265) 비점(批點): 시, 문장 등의 요소(要所)나 묘행(妙行)에 치는 점.

266) 학당(學堂): 고려 말기부터 설치되었던 학교이다. 지방의 향교에 유래하여 중앙의 각 부(部)에 두었다. 조선시대의 한양에 4부 학당이 있었다고 한다. 학당은 재사(齋舍 - 寄宿舍) 제도를 마련하고 운영은 국가에서 부담하였다.

267) 거자(擧子): 고려 이후 과거에 응시하는 유생(儒生)을 지칭하는 말.

268) 몽진(蒙塵): 머리에 먼지를 쓰는 일.

269) 순결(純潔): 순박하고 깨끗함.

270) 고풍(古風): 한시의 한 체. 고시(古詩).

271) 사마시(司馬試): 일종의 자격시험으로 생원과(生員科)와 진사과(進士科)가 있었다.

272) 장원(壯元): 대과(大科) 전시(殿試)에서 갑과(甲科)의 수석(首席)을 말한다.

273) 채호주(蔡湖洲): 채유후(蔡裕後)의 호이다. 1599년(宣祖 32)에 태어나서 1660년(顯宗 1)에 서거하였다. 자는 백창(伯昌), 시호는 문혜(文惠). 17세 때 생원이 되었고 1623년(仁祖 1) 문과에 급제하여 옥당(玉堂)에 들어갔다가 사가독서(賜暇讀書)로 호당(湖堂)에서 공부하였다. 효종 초 우부승지에서 대제학에 이르러 10년 만에 이조판서가 되었다가 죽었다.

274) 호당(湖堂): 독서당(讀書堂)의 별칭. 젊고 재주 있는 문신(文臣)이 왕의 특명으로 공부하던 곳.

275) 삭계시(朔啓詩): 초하룻날 올리는 시.

276) 유시남(兪市南): 유계(兪棨)의 호이다. 1607년(宣祖 40)에 태어나서 1664년(顯宗

여 '당(唐)나라 문장가들이 출입하여도 그들이 자연히 따르기 어려울 것으로 생각한다.'고 하였다. 시남(市南)은 처음에는 나와 알지 못하는 사이였다. 신독재(愼獨齋)[277]에게 올린 제문을 보고 나의 장인에게 '모군(某君)은 일찍이 어떤 이를 위해 지은 글이 매우 청개(淸介)[278]하다고 들었는데 이 문자를 보니 매우 넉넉하다. 참으로 귀인(貴人)의 기상이 아니겠는가?'라고 말씀하였다 한다.

내 일찍이 영능(寧陵)[279]에 차견(差遣)[280]되어 제사를 올리면서 부(賦) 일 절을 지었다.

鼎水飛龍幾日還　정수에 비룡은 어느날 돌아올는지
一年春色又喬山　한 해의 봄빛은 다시 교산에 돌아왔네
孤臣泪似啼鵑血　외로운 신하는 두견이 울어 흘린 피눈물되어
灑遍花枝點點班　꽃가지마다 뿌려져 점점이 아롱졌네

이때 이참판(李參判) 시모(時模)[281]가 경기감사로 있었는데 내가 이 시를 보내어 화운(和韻)을 청하였더니 이공(李公)은 '이 글은 본래 속화(續和)[282]가 될 수 없게 지었다.'라고 말하고는 끝내 화운을 짓지 않았다.

너희들의 정리(情理)는 진실로 가이없구나. 사람이 성장하여 양친

---

5)에 서세하였다. 자는 무중(武仲), 시호는 문충(文忠)이다. 1630년(仁祖 8)에 진사가 되고 1633년(仁祖 11)에 문과에 급제하여 설서(說書)가 되었다. 공조참의, 승지, 승문제조(承文提調)를 겸하였다. 유배, 좌천 등을 거듭하다가 이조판서로 죽었다.

277) 신독재(愼獨齋): 김집(金集)의 호이다. 그는 1574년(宣祖 7)에 태어나서 1656년(孝宗 7)에 서거하였다. 자는 사강(士剛), 시호는 문경(文敬)이다. 18세에 진사 급제하여 재랑(齋郞)이 되었으나 광해군의 어지러운 국정을 보고 아버지(金長生)을 모시고 고향 연산(連山)에 가서 은거하였다. 뒤에 이조판서, 좌참찬, 판중추부사로 임명됐으나 끝내 사퇴하고 나가지 않았다.

278) 청개(淸介): 청렴하여 고립된 모양.

279) 영능(寧陵): 효종의 능이다.

280) 차견(差遣): 관리를 나라 일로 국내외로 보냄.

281) 이시모(李時模): 경기 감사였다는 것 밖에 알 수 없다.

282) 속화(續和): 연속적으로 화운(和韻)이 됨.

을 시종(始終) 무고히 모시는 것도 쉬운 일이 아니다. 나는 다섯 살에 어머니를 여의고 평생 어머니 얼굴을 기억하지 못하니 죄인(罪人)이다. 정공(鄭公) 산택고씨(山宅姑氏)[283]께서는 늘 나에게 말씀하시기를 '나의 누님은 성품이 간결하면서도 장중하여 자녀를 다섯이나 낳았는데도 늘 말할 때 내 아들, 내 딸이라 부르는 말을 못 들었다. 그러나 너를 얻고부터는 애린귀석(愛憐貴惜)[284]의 뜻으로 늘 맑은 목소리와 웃는 모습이 애정이 넘쳐흐를 정도였다. 한 집의 모든 식구가 가만히 이 아들은 어떤 아들인가 엿보았는데 이는 어머니가 이렇게 사랑하고 아껴야 할 것 같았다고 하더라.

너희들 사정은 다시 논의할 것 없이 꼭 살아야 함을 마음에 담아두고 모자가 오로지 서로 의지하여 운명을 받아들이고 지나는 것이 옳고도 옳을 것이다."

또 말씀하시기를

"오늘 거상(居喪)에 대한 의례는 상례(常例)로 논의할 수 없으니 각자 죽을 먹으며 기력(氣力)을 아끼는 것이 좋을 것이다."

밤에 아들들에게 말씀하시기를

"너의 형제가 평소에 서로 우애(友愛)가 돈독하니 계칙(戒勅)[285]을 기다리지 않았을 것이다. 그러나 모든 일에는 각자 의견이 있고 서로 맞지 않는 곳이 있게 마련이지만 모름지기 조용히 상의하여 확정지어야 한다. 첫째로는 편리함을 위주로 해야 하고 큰 일이 생기면 맏형과 중형[286]에게 의논함이 옳다.

우리 집은 선세(先世)부터 객사(客死)[287]를 많이 하였으니 괴이한 일이다."

---

283) 산택고씨(山宅姑氏): 아버지 동지공의 생가 고모. 정홍택(鄭弘澤)의 부인.
284) 애린귀석(愛憐貴惜): 사랑하여 가엽게 여기고 귀하게 아낌.
285) 계칙(戒勅): 경계하여 타이름. 정신 차리게 함.
286) 맏형 중형(伯氏仲氏): 백씨는 곡운(谷雲) 수증(壽增)이며 중씨는 생가로 양자 나간 퇴우당(退憂堂) 수흥(壽興)이다.
287) 객사(客死): 객지에서 죽음.

4월 9일

초아흐레 날, 안시태(安始泰)[288]가 미리 습의(襲衣)를 입으시라 청을 드리자 흰색의 속옷(裏衣)만 입으시고 말씀하시기를

"겉옷은 모두 색깔이 있는 옷뿐이니 비록 잠시만이라도 국상(國喪)때 색깔이 있는 옷을 입기 미안하다."

하시면서 끝내 허락하지 않으셨다. 또 나평강에게 말씀하시기를

"기천(沂川) 홍정승(洪政丞)의 상(喪)을 동춘당(同春堂)[289]이 지켜보았는데 습의(襲衣) 안에 단령(團領)[290]을 쓰고 겉에는 심의(深衣)[291]를 썼다는데 옳은지 모르겠다. 나는 죄가 여럿 있어서 심의(深衣)를 쓸 수 없을 것이다."

염습(殮襲)[292]의 여러 절차를 매우 자세히 가르치셨다.

식사 후에 침실 밖 남영(南榮)[293]에 앉아 계시는데 나평강이 들어와서 울면서 말하기를

"금오랑(金吾郎)이 곧 도착하니 이로부터 영원히 유명(幽明)[294]이 격(隔)하게 되니 술잔을 나누어 영결을 청하고자 합니다."

하니 즉시 시비(侍婢)에게 술을 가져오라 하여 평상시처럼 술을 권하며 말씀하시기를

---

288) 안시태(安始泰): 집안 일을 맡아온 집사(執事)일 것임.

289) 동춘당(同春堂): 송준길(宋浚吉)의 호이다. 1606년(宣祖 39)에 태어나서 1672년(顯宗 13)에 서거하였다. 자는 명보(明甫), 시호는 문정(文正)이다. 김장생(金長生)에게 글을 배우고 사헌부 집의로 기용되었다. 1658년(孝宗 9)에는 대사헌 겸 성균관 좨주가 되고 이듬해 병조판서가 되어 송시열과 함께 노론(老論)의 쌍벽을 이루었다. 그 후 회덕(懷德)에 살면서 간간이 이조판서 등으로 기용되었으나 오래 있지 않고 돌아왔다. 문장과 글씨에 뛰어났으며 문묘(文廟)에 배향되었다.

290) 단령(團領): 조선시대 깃을 둥글게 만든 공복(公服)의 하나. 녹사(錄事), 제학(諸學)의 생도, 서리(書吏), 별감(別監), 인노(引路), 나장(羅將), 조례(皁隷) 등이 입었다. 별감, 인노, 조예는 청색(靑色), 형조, 사헌부, 전옥서에 소속된 나장은 검은 색, 사간원 나장은 토황색(土黃色), 공주나 옹주를 모시는 조예는 초록색 단령을 입었다.

291) 심의(深衣): 높은 선비의 웃옷. 흰 베로 만든 소매를 넓게 하고 검은 비단으로 가를 두른 것. 치마는 12폭으로 되었음.

292) 염습(殮襲): 죽은 이의 몸을 씻긴 후에 옷을 입히는 일.

293) 남영(南榮): 남쪽 추녀.

294) 유명(幽明): 저세상과 이 세상.

"고래(古來)로 나와 같은 사람이 어찌 나 한 사람 뿐이겠는가? 또한 정암(靜庵), 충암(沖庵)[295], 금호(錦湖)[296]와 같은 현인(賢人)들이 이런 화를 면하지 못하였고, 또 제현(諸賢)들의 나이가 모두 30여세였는데 나는 30의 배나 된다. 그러니 또 무엇을 한(恨)할까?"

또 웃으시면서 말씀하시기를

"세상의 변화가 무궁하여 죽음의 길도 하나가 아니다. 뒷날 내가 죽은 것을 보고 어느 누구인들 나의 오늘을 부러워하지 않으리오?"

연달아 3배를 올리니 드시고 옷깃을 가다듬고 무릎을 꿇고 앉으셔서 말씀하시는 기개가 넘쳐흘렀다. 말씀이 장음정(長吟亭)[297] 형제의 화를 입었을 때에 이르러서는

"부제학(副學公)[298]의 묘표는 이혜중(李惠仲)[299]이 나에게 부탁하였는데 그 사실(事實)이 미비되어 아직 완성치 못하였다. 다른 날 창협이 끝을 맺도록 하여라."

창협이 앞으로 나아가 무릎 꿇고 앉아 손을 감싸고 울면서 말씀드리기를

"경신(庚申)[300] 이후 시론(時論)이 갈라져서 점차 우려할 만한 세력이 생겨나서 대인(大人)이 국정을 맡았을 때에는 각기 다른 자제(子弟)의 마음은 진실로 걱정되지 않을 수 없었으나 그간 비틀어진 것을 화해시키라는 뜻은 하나라 아뢴 바가 있습니다. 이것은 비록 대인이 한 몸으로 도모하려함이지만 진실로 그것은 간단한 도리가

---

295) 충암(沖庵): 김정(金淨)의 호이다. 그는 1486년(成宗 17)에 태어나서 1520년(中宗 15)에 서세하였다. 자는 원충(元沖), 시호는 문간(文簡). 10세에 사서(四書)에 통한 수재로 형조판서에 이르렀다. 기묘사화 때 조광조 일파로 몰려 처형되려는 것을 영의정 정광필(鄭光弼)의 옹호로 제주에 귀양갔다가 이듬해에 사사되었다.

296) 금호(錦湖): 임형수(林亨秀: 1504~1547)의 호이다. 자는 사수(士遂), 본관은 평택(平澤). 1535년 별시문과 병과급제, 주서(注書), 사서(司書) 등을 거쳐 부제학(副提學)에 승진되었으나 1545년(명종 즉위년) 을사사화 때 제주목사로 쫓겨났다가 파면되었다. 1547년(명종 2) 양재역 벽서사건으로 귀양가서 사사되었다.

297) 장음정(長吟亭): 가까운 지인(知人)일 것이다.

298) 부학공(副學公): 〃

299) 이혜중(李惠仲): 〃

300) 경신(庚申): 1680년(肅宗 6). 곧 경신대출척으로 남인 일파가 대거 실각한 해이다.

아닙니다. 홍형(洪兄) 만조(萬朝)[301]가 민상(閔相) 같으면 오히려 몇 명의 앞잡이를 가지고 있다고 말하였는데 외숙(外叔)은 한 명도 없으니 오늘의 화는 모두 이것에서 나온 것입니다."

라고 하였다. 대답하시기를

"홍생(洪甥)의 이 말은 진실로 나를 아는 것이다. 나는 천성이 본래 융통성이 없어 비록 앞잡이를 만들어 권모술수를 쓰고자 하여도 참으로 할 수 없었다. 또 어려서부터 할아버지를 모시고 행사(行事)를 논의(論議)할 때 신심(信心)이 생기면 조금의 계교(計較)도 없이 바로 실행하심을 보았고 평일에도 이와 같은 습속을 듣고 보아왔던 까닭에 더더욱 그렇게 할 수 없었다. 모두 어려서부터 지금에 이르기까지 이 한 마음뿐이다."

또 말씀하시기를

"근래 홍생(洪甥)이 한 일을 보니 진실로 우연이 아니다. 너희들이 기다릴 틈이 없겠다."

창흡이 두 손 모아들고 통곡하며

"오늘이 무슨 날입니까? 기상이 편안하시기 평일과 다름이 없으시니 이로써 증조할아버지께서 수립(樹立)하신 것으로 이해할 수 있을 듯하나 이와 같은 재난을 만났으니 어찌할런지요? 또 이 궁벽한 해도(海島)에 사람이 적으니 많은 사람들이 이 조용한 기상을 볼 수 없으니 통한(痛恨), 통한이옵니다."

대답하시기를

"내가 이미 정력(定力)[302]이 있다고 하지 않았느냐. 그렇지 않느냐? 일이 이미 이에 이르러서 허다한 외포(畏怖)[303]도 없음을 스스

---

301) 홍만조(洪萬朝): 1645년(仁祖 23)에 태어나서 1725년(英祖 1)에 서세하였다. 자는 종지(宗之), 호는 만퇴(晩退), 시호는 정익(貞翼)이다. 1678년(肅宗 4)에 문과 급제하여 1693년(肅宗 19) 강화유수가 되고 1696년(肅宗22) 사은사로 청나라에 다녀와서 형조판서가 되었고 기사에 든 후에 판돈령이 되었다. 청렴하고 도량이 넓고 모나지 않고 원만하여 조정에 나간 48년 동안 온갖 파동이 있었으나 반대편에서 감히 흠을 잡지 못하였다. 문곡의 생질이다.

302) 정력(定力): 확정된 학문의 힘.

로 깨달으니 이제 진짜 철이 든 것이다. 또 햇볕이 드는 남쪽의 감옥에서 저들이 국문하려는 논의를 하였었는데 당시엔 무한히 놀라고 욕된다고 말하였는데 요행히 면하였다. 오늘 일은 어찌 체포되는 욕됨과 같으랴. 또 사람의 명예와 절조를 가장 중하게 여기는 세상의 변화가 무궁하여 자신의 일 또한 스스로 보전할 수 없었다. 그러나 나는 오늘의 일만은 면할 줄 알았다."

조금 있다가 또 창흡에게 말씀하시기를

"네가 나를 따른 이래 수개월 동안 북쪽에서 무슨 소식이 온다는데 놀라고 겁나는 것이 없지 않지만 너는 매번 너그러운 말로 진정시키며 놀라서 동요하는 일이 없었다. 나는 그때마다 매우 느긋한 행동을 괴이하게 여기었는데 역시 마음속에 정한 것이 있었구나. 뒤따라 창협과 창업이 왔을 때 속눈썹을 보고 근심이 깊다는 것을 알았다."

노복들이 처마 아래에 쭉 엎드려 있는 것을 보시고 세룡(世龍)[304]이를 앞으로 불러내어 훈계(訓戒)하기를

"쇠미해진 나의 부탁을 넌들 어찌 생각이 없겠는가마는 오랫동안 우리 집에서 종살이를 하기는 오직 너와 응경(應京)[305]뿐이다. 응경이는 몸이 약하고 성품이 옹졸하여 일처리를 잘 못하니 이후 집안 간의 크고 작은 일의 역할 분담은 네가 담당하여라. 혹시 쇄신해야할 일이 없으면 매사를 내가 살아 있을 때와 같이 하면 되느니라."

일어서서 밖으로 나가려 할 적에 창업을 돌아보시면서 말씀하시기를

"옥동(玉洞)[306] 집은 이미 춘상(春祥)[307]이에게 주라고 영(令)을 내

---

303) 외포(畏怖): 두려움.
304) 세룡(世龍): 노복의 이름.
305) 응경(應京): 비녀(婢女)의 이름.
306) 옥동(玉洞): 지금의 종로구 옥인동.
307) 춘상(春祥): 후겸(厚謙)의 아명(兒名)이다.

렸었다. 모름지기 너는 가까이 따르면서 시종(始終) 보살펴 주어라."
창협이 말씀드리기를
"작금에 일어나는 일이 크게 변화된 뒤라서 재앙과 화난의 징조가 하루가 다르게 나타나니 아버지께서 참으로 이 국면을 벗어나지 못하리라 생각됩니다. 사람의 자식이 되어 절박한 감정은 아직도 만에 하나 요행을 바라지 않을 수 없습니다. 가령 아버지께서 요행히 오늘 이 국면을 벗어난다 하더라도 이후의 화난이 어찌 이보다 크지 않다 하겠나이까?"
대답하시기를
"실로 너의 말이 맞다. 나의 오늘의 죽음은 어찌 복되지 않다고 하랴? 세상 돌아가는 시세를 보면 앞으로 닥칠 사변(事變)이 이것으로 그치지 않고 반드시 이륜(彝倫)[308]을 뒤엎고 종사(宗社)[309]를 전복시킨 뒤에 그치지 않을까 두렵구나. 지금 죽는 것이 영예롭고도 다행이 아닌가 생각한다."
〈이하는 날짜가 분명하지 않음〉
창업이 말씀드리기를
"양증조할아버지 도정공(都正公)[310]의 묘표(墓表)와 음기(陰記)를 청하고자 하였으나 이력을 상고(詳考)한 것을 얻지 못하여 끝내 짓지 못하였습니다."
대답하시기를
"나 역시 오랫동안 이에 대하여 뜻을 두었으나 계속하여 시간이 나질 않아서 끝내 짓지 못하였으니 매우 한스럽구나."
창협을 돌아보시면서 말씀하시기를
"네가 내 뜻을 이어 쓰도록 하여라."
또 말씀하시기를
"도정대부(都正大父: 敦寧都正 克孝)님은 성품이 매우 곧고 두뇌

308) 이륜(彝倫): 사람으로서 지켜야 할 떳떳한 도리.
309) 종사(宗社): 종묘(宗廟)와 사직(社稷).
310) 양증조부(養曾祖父) 도정공(都正公): 창업으로 보면 생가 증조부 극효(克孝)이다.

가 명석하셔서 관직에 계실 때나 집에 계실 때나 모든 일을 자세히 살피고자 조금도 긴장을 풀어놓는 일이 없으므로 아랫사람들은 매우 조심하고 꺼려하였다. 그러나 여러 주현(州縣)에 나가 고을살이를 하시면서 자못 명성과 공적이 있었다. 어리실 때의 이력은 나 역시 모두 기억할 수 없다. 중년 이후의 일은 혹 기억되는 것도 있다. 그래서 창업에게 집필토록 불러주고 쓰게 하였다. 그 내용은 모년모현모군(某年某縣某郡), 모년(某年)에 품계(品階)가 올라가신 것 등 무릇 10여 건이나 된다."

또 말씀하시기를

"한산(韓山) 아저씨(한산군수 光烒)는 인품이 호방(豪放)하여 교식(矯飾)[311]을 싫어 하셨다. 행사(行事)에 점검(點檢)하지 않는 곳이 있어도 다른 사람을 꺼려하여 은밀히 우물쭈물 하시는 일이 없었고 너그럽게 감싸주지도 않았다. 하나가 그릇되게 되면 오랫동안 인정하려 들지 않고 혹은 맞대놓고 꾸짖었다. 그런 성품 때문에 한 집안 사람들도 좋아하지 않는 사람이 많았다.

어리실 때에는 일찍이 사마시(司馬試)에 합격하시어 재명(才名)을 떨쳤으며 필법(筆法)을 많이 공부하셨다. 친구 중에는 김판서(金判書) 좌명(佐明)[312]과 서판서(徐判書) 필원(必遠)[313]이 가장 친하였고 서만청(徐晩聽)[314]과 이시노(李時老)[315]는 끝내 끼워 넣기 어려운 사이였다.

---

311) 교식(矯飾): 잘못된 것을 잘 고쳐 꾸밈.

312) 김판서(金判書) 좌명(佐明): 1616년(光海君 8)에 태어나서 1671년(顯宗 12)에 서세하였다. 자는 일정(一正), 호는 귀천(歸川), 귀계(歸溪). 시호는 충숙(忠肅)이다. 1633년(仁祖 11) 사마시에 합격하고, 1644년(仁祖 22)에 문과에 급제하여 벼슬이 대사헌, 병조판서에 이르렀다. 군사와 재정에 큰 공을 세웠으나 과로로 세상을 떴다. 사후에 영의정 청릉부원군(淸陵府院君)에 추증(追贈)되었다.

313) 서필원(徐必遠): 1614년(光海君 6)에 태어나서 1671년(顯宗 12)에 서세하였다. 자는 재이(載爾), 호는 육곡(六谷), 시호는 정의(貞毅)이다. 과거에 급제하여 이조정랑, 형조판서를 지냈다. 사물에 밝고 담론에 뛰어났으며 왕에게 솔직한 간언을 잘하여 당시 오직(五直)의 한 사람으로 불렸다.

314) 서만청(徐晩聽): 서로 가까이하지 않았던 인물.

315) 이시노(李時老): 〃

부록

문곡(文谷) 약연보(略年譜)

문곡은 1629년(인조 7 기사) 8월 1일(계축) 사시(巳時)에 한양(漢陽: 서울) 중부방(中部坊) 대사동(大寺洞) 외갓집(延安金氏)에서 태어나 1689년(숙종 15 기사) 4월 초 9일 진도(珍島) 적소에서 서거(逝去)하였다.

자는 구지(久之), 호는 문곡(文谷)으로 좌의정 상헌(尙憲)의 손자이다. 아버지 동중추(同中樞, 휘: 광찬(光燦))와 어머니 연안김씨(延安金氏: 아버지는 목사 래(琜)이고 할아버지는 延興府院君 悌男이다) 사이에서 셋째 아들로 태어났다. 외양은 매우 맑았고 정신은 밝고 순수하여 다른 형제들과 사뭇 다른 점이 있어서 부모님의 사랑이 각별하였다.

1630년(인조 8, 경오) 2세.

1631년(인조 9, 신미) 3세.

1632년(인조 10, 신임) 4세.

1633년(인조 11, 계유) 5세.

10월 증정경부인(贈貞敬夫人) 김씨(金氏)가 서세(逝世)하자 외조모 정씨(鄭氏) 부인이 데려다 길렀다.

1634년(인조 12, 갑술) 6세.

1635년(인조 13, 을해) 7세.

이 해 겨울 정부인을 따라 홍산현아(鴻山縣衙)로 갔다. 이때 큰외삼촌 김천석(金天錫: 연흥부원군 김제남의 손자)이 홍산현감이 되어 정씨부인을 모셨기에 외할머니를 따라 갔다.

1636년(인조 14, 병자) 8세.

정부인으로부터 글을 배우기 시작하였다. 정부인이 많은 사랑을 주었지만 교육에는 엄격하여 매일 밤늦게까지 공부를 시켰다. 정부인이 간혹 일찍 잠자리에 들더라도 밤늦게까지 스스로 공부하였다.

그 해 겨울 청나라의 침략에 놀라서 정부인을 따라 서천(舒川) 섬으로 피난을 갔다가 호란이 진정되자 홍산으로 되돌아 왔다.

1637년(인조 15, 정축) 9세.

그 해 가을 정부인을 따라 원주(原州)로 갔다. 이때 외증조모 광산부부인(光山府夫人) 노씨(盧氏)가 서세하고 승중상(承重喪)을 당하여 원주 안창(安昌) 선영(先塋)으로 반장(返葬)하니 정부인을 따라왔다.

1638년(인조 16, 무인) 10세.

정감찰(鄭監察) 기방(基磅: 정부인의 동생)에게 글을 배웠다.

1639년(인조 17, 기묘) 11세.

할아버지 상헌(尙憲)께서 구용(九容)과 사물(四勿)을 써서 보냈다. 할아버지는 이때 영남(嶺南) 안동(安東)에 있었다.

1640년(인조 18, 경진) 12세.

그 해 봄 아버지(光燦)를 따라 안동(安東)으로 돌아왔다. 이때 새로 정부인 상을 당하니 의지할 곳이 없어서 아버지께서 원주에 와서 데리고 남쪽으로 돌아왔다. 처음으로 할아버지에게서 글을 배우기 시작하였다. 이때부터 학업의 진보가 빨라져서 할아버지가 자주 칭찬을 하였다.

그해 겨울 할아버지께서 조정의 명을 받고 심양(瀋陽)으로 떠났다. 공이 시를 지어 송별을 하니 할아버지께서 학업을 게을리 하지 말고 일마다 신중히 하라는 답서를 보냈다.

1641년(인조 19, 신사) 13세.

그해 11월 할머니 이부인(李夫人)이 서세하였다.

1642년(인조 20, 임오) 14세.

그해 봄 아버지를 따라 양주(楊州) 석실(石室)로 돌아왔다. 이부인을 석실 선영으로 반장(返葬)하면서 일가가 모두 돌아오게 되었다.

1643년(인조 21, 계미) 15세.

1644년(인조 22, 갑신) 16세.

그해 4월 관례(冠禮)를 올렸다. 이 해에 현주(玄洲) 이소한(李昭漢: 좌의정 이정귀의 아들)이 미음강상(渼陰江上)에 귀양살이를 하고 있었는데 7월 16일 중국 소동파(蘇東坡)의 적벽고사(赤壁故事)를 모방하여 뱃놀이 시를 짓자 이를 듣고 화운(和韻)을 하였는데 현주(玄洲)가 크게 칭찬을 하고 붓, 벼루를 보내어 사례하였다.

1645년(인조 23, 을유) 17세.

이해 정월 천연두에 걸렸다. 2월에 할아버지가 심양에서 돌아오니 파주(坡州)에 가서 맞이하였다. 이때부터 석실에 살면서 할아버지 곁을 떠나지 않고 모셨다.

학교(泮宮)의 제술시험에서 수석을 하였다. 대학사(大學士) 택당(澤堂) 이식(李植)이 합격한 여러 명 중에서 특별히 문곡을 불러서 말씀하기를 "이번에 지은 글을 보니 보통 사람들의 시속(時俗)을 멀리 벗어난 문장이다. 모름지기 고가시(古歌詩)를 짓는데 힘을 쓰시오."라고 하고 또 다른 사람들에게는 이번 사마시(司馬試)에 장원(壯元)은 틀림없이 김모(金某)가 될 것이라고 하였다. 그해 10월 부인(夫人) 안정(安定羅氏)를 맞이하였다. 해주목사(海州牧使, 휘:

성두(星斗))의 딸이다.

1646년(인조 24, 병술) 18세.

2월 진사시(進士試)에 장원(壯元)으로 합격하였다. 3월 아버지를 모시고 통진현아(通津縣衙)로 갔다. 4월 원주외가 선영에 가서 알묘(謁墓)하였다. 6월 통진현아에 갔다가 가을에 석실로 돌아왔다.

1647년(인조 25, 정해) 19세.

그해 10월 통진현아로 가서 아버지를 모셨다.

1648년(인조 26, 무자) 20세.

여름에 통진현아에 가서 아버지를 모셨다. 10월에 아들 창집(昌集)이 태어났다.

1649년(인조 27, 기축) 21세.

봄에 자경잠(自警箴)을 지었다. 겨울 외삼촌이 현감으로 있는 봉산현아(鳳山縣衙)로 갔다.

1650년(효종 원년, 경인) 22세.

봄에 서울로 돌아왔다. 여름에는 태학(太學)의 장의(掌議)가 되었다. 가을에는 회덕(懷德)에 가서 동춘당(同春堂) 송준길(宋浚吉)을 배알(拜謁)하고 다시 진잠(鎭岑)의 우재(尤齋)를 배알하였다.

1651년(효종 2, 신묘) 23세.

정월에 아들 창협(昌協)이 태어났다. 가을에 회덕에 가서 다시 동춘당을 배알하였다. 그해 9월 알성문과(謁聖文科)에 장원급제(壯元及第)하였다. 성균관(成均館) 전적(典籍)이 되었다가 병조좌랑(兵曹佐郎)으로 자리를 옮겼다. 10월 실록청(實錄廳) 낭청(郎廳) 겸 춘추관(春秋館) 기사관(記事官)으로 차견(差遣)되었다. 12월에는 세자시강원(世子侍講院) 사서(司書)로 옮겼다.

1652년(효종 3, 임진) 24세.

정월에 경기도사(京畿都事)로 옮겼다. 6월 춘추관(春秋館) 기주관(記注官)을 겸직하였다. 할아버지가 서세하였다.

1653년(효종 4, 계사) 25세.

정월에 세자시강원(世子侍講院) 문학(文學) 겸 춘추관(春秋館) 기주관(記注官), 2월 사헌부(司憲府) 지평(持平), 3월 지제교(知製敎)로 선임되었다가 다시 사간원(司諫院) 정언(正言)이 되었다. 윤 7월 아들 창흡(昌翕)이 태어났다. 동지사(冬至使) 서장관(書狀官)으로 차견(差遣)되었다가 8월에 전적(典籍)이 되었다. 9월에는 문신정시(文臣庭試)에 5등으로 합격하여 효종으로부터 말을 하사받고 정언(正言)으로 옮겼다. 10월에는 전적(典籍)과 지평(持平)을 겸직하였다.

1654년(효종 5, 갑오) 26세.

4월에 이조정랑(吏曹正郎)이 되었으며 5월에는 국조보감(國朝寶鑑) 찬집청(纂輯廳) 낭청(郎廳) 겸 춘추관(春秋館) 기주관(記注官)으로 차견되었다. 7월에는 다시 이조정랑이 되었다가 9월에 세자시강원 사서(司書) 교서관(校書館) 교리(校理)를 겸직하였다. 10월에는 중학교수(中學敎授)와 한학교수(漢學敎授)를 겸하였다.

1655년(효종 6, 을미) 27세.

교리(校理)가 되었다가 이조정랑(吏曹正郎)으로 옮기고 8월에는 호당(湖堂)에 들어가 사가독서(賜暇讀書)를 하고 9월 부교리(副校理)를 거쳐 10월에 수찬(修撰)이 되었다. 12월에 다시 이조정랑으로 옮겼다.

1656년(효종 7, 병신) 28세.

3월 아들 창섭(昌燮)이 태어났다. 4월 의정부 사인(舍人) 겸 춘추관 편수관(編修官)으로 승진되었다가 다시 홍문관 응교(應教)로 옮겨졌다. 6월 사헌부 집의(執義)로 승진되고 8월에 사복사정(司僕寺正) 겸 시강원(侍講院) 보덕(輔德)이 되었다가 홍문관 부응교(副應敎)로 옮겼다. 9월에는 문과중시(文科重試) 을과 제 1명으로 급제하여서 통정대부로 승진되었다. 아들 창섭(昌燮)이 요절하였다. 10월 형조참의(刑曹參議) 겸 승문원(承文院) 부제조(副提調)가 되었다. 다시 승정원(承政院) 동부승지(同副承旨)로 관직을 옮겼다.

1657년(효종 8, 정유) 29세.

4월 병조참지(兵曹參知)가 되었다가 5월에 이조참의(吏曹參議)로 옮겼다. 10월에는 사간원 대사간(大司諫)이 되었다.

1658년(효종 9, 무술) 30세.

2월에 아들 창업(昌業)이 태어났다. 3월에 예조참의(禮曹參議)가 되었다가 6월에 좌승지(左承旨), 7월에 우부승지(右副承旨)가 된 후 부제학으로 자리를 옮겼다.

1659년(현종 즉위년, 기해) 31세.

11월 아들 창습(昌習)이 태어났다. 12월 효종 능의 전서를 쓴 공로로 가선대부(嘉善大夫) 우승지(右承旨)로 승진하였다.

1660년(현종 원년, 경자) 32세.

정월에 대사간 겸동지성균관사(兼同知成均館事)가 되었다. 10월에는 부제학(副提學)으로 전직되었다가 11월에 예조참판 겸 오위도총부 부총관이 되었고 다시 이조참판으로 옮겼다. 이 해에 자의대비(慈懿大妃) 복상문제를 놓고 제 1차 예송(禮頌)이 심각하게 전개되자 서인(西人)의 한 사람인 송시열(宋時烈) 등과 함께 기년(朞年: 만 1년)설을 주장하였다. 그 결과 허목(許穆), 윤선도(尹善道) 등 남인(南人)이 중심이 된 3년설(만 2년)을 누르고 기년설이 채택되었다.

1661년(현종 2, 신축) 33세.

겸동지춘추관사(兼同知春秋館事)가 되었다.

1662년(현종 3, 임인) 34세.

4월 홍문관(弘文館) 대제학(大提學), 예문관(藝文館) 대제학(大提學), 지성균관사(知成均館事)가 되었다. 5월에는 사헌부 대사헌(大司憲)이 되었다가 7월 이조참판(吏曹參判)으로 옮겼다. 9월에 아들 창즙(昌緝)이 태어났다. 12월에 지춘추관사(知春秋館事)가 되었다.

1663년(현종 4, 계묘) 35세.

4월 겸지의금부사(兼知義禁府事)가 되었다가 대사헌으로 옮겼다. 5월에 예조판서(禮曹判書)가 되었다. 10월에는 형조판서(刑曹判書)가 되었다가 11월 이조판서(吏曹判書)로 옮기고 12월 겸지의금부사(兼知義禁府事)가 되었다. 이조판서로서 명사들을 발탁하는데 힘썼다.

1664년(현종 5, 갑진) 36세.

7월 의정부(議政府) 우참찬(右參贊)이 되었다. 8월 창습(昌習)이 요절하였다. 9월에 다시 이조판서가 되고 12월에 도총관(都摠管)을 겸직하였다.

1665년(현종 6, 을사) 37세.

6월 원자 보양관(輔養官)을 겸대하였다. 12월에 아들 창협이 이단상(李端相)의 딸과 혼인하였다.

1666년(현종 7, 병오) 38세.

8월에 아들 창립(昌立)이 태어났다. 9월에 예조판서가 되었다가 11월에 우참찬 겸 세자좌빈객(世子左賓客)이 되었다. 12월 형조판서로 옮겼다가 바로 이조판서로 옮겼다.

1667년(현종 8, 정미) 39세.

정월에 지경연사(知經筵事)를 겸대하였다가 12월에 정헌대부(正憲大夫)로 승진하였다.

1668년(현종 9, 무신) 40세.

정월에 예조판서가 되었다. 2월에 아버지가 서세하였다.

1669년(현종 10, 기유) 41세.

1670년(현종 11, 경술) 42세.

5월에 우참찬 겸 지의금부사, 세자좌빈객이 되었다가 대사헌 겸 승문원(承文院) 제조(提調)가 되었다. 그 후 6월에 예조판서로 옮겼다.

1671년(현종 12, 신해) 43세.

정월에 선혜청(宣惠廳) 제조를 겸대하였고 3월에는 지춘추관사(知春秋館事)를 겸대하였다.

1672년(현종 13, 임자) 44세.

5월에 우의정이 되었다가 11월에 좌의정으로 승진하여 세자부(世子傅)를 겸직하였다.

1673년(현종 14, 계축) 45세.

남인재상 허적(許積)을 탄핵한 대간(臺諫)을 열성껏 변호하다가 4월에 파직되었다. 5월에는 관직이 깎이고 반계(盤溪)에 거주토록 명을 받았다. 양주(楊州)로 가서 성묘(省墓)하고 6월에 직첩(職牒)을 환급받았다. 8월에 반계로 돌아왔다가 9월에 다시 백운산(白雲山)에 들어가서 그윽한 산수의 풍경을 돌아보고 금수정(金水亭) 옥병서원(玉屛書院) 백로주(白鷺洲)를 거쳐 반계로 돌아왔다. 판중추부사(判中樞府事)로 서용하고 사은사(謝恩使)로 차견(差遣)한다는 특명을 받고 북경을 다녀왔다.

1674년(현종 15, 갑인) 46세.

3월에 효종왕비 인선왕후(仁宣王后)가 승하하고 자의대비(慈懿大妃)의 복상문제로 제 2차 예송이 일어나자 영의정으로 있던 형 수홍(壽興)과 함께 대공설(大功說: 9개월)을 주장했으나 남인이 주장한 기년설(朞年說: 1개년)이 채택되자 벼슬을 내어놓았다.

1675년(숙종 원년, 을묘) 47세.

그해 2월 좌의정이 되었다가 윤휴(尹鑴), 허목 등의 공격으로 삭탈관직이 되고 원주에 부처되었다. 12월에 아들 칠룡(七龍)이 태어났다.

1676년(숙종 2, 병진) 48세.

정월에 아들 칠룡이 요절하였다. 다시 영암(靈巖)에 부처되었다.

1677년(숙종 3, 정사) 49세.

그해 10월 도갑사(道岬寺)를 방문하였다.

1678년(숙종 4, 무오) 50세.

그해 9월 철원(鐵原)으로 이배되었다.

1679년(숙종 5, 기미) 51세.

8월에 백운산(白雲山)에 송로암(送老庵)을 지었다. 10월에 백씨 중씨와 같이 삼부연(三釜淵)에 노닐었다.

1680년(숙종 6, 경신) 52세.

3월 29일에 특명으로 석방되고 그 다음날 영중추부사(領中樞府事)로 서용(敍用)되었다가 4월 초 3일에 영의정이 되어 남인들의 죄를 다스리는 한편 송시열, 박세채 등을 들였다.

1681년(숙종 7, 신유) 53세.

현종실록편찬의 총재관(總裁官)이 되었다.

1682년(숙종 8, 임술) 54세.

1683년(숙종 9, 계해) 55세.

10월에 궁궐 안에서 임금님의 약시중을 들었다. 이때 내의원 도제조를 겸대해서 주야로 의관도 벗지 못하고 침석에도 들지 못하면서 노심초사 진력을 기울여 결국 임금님의 천연두를 낫게 하였다. 병이 치유되자 백금 안마(鞍馬)와 피욕(皮褥), 전민(田民) 등을 하사받았다. 이를 사양하자 수량을 줄였다. 12월에는 아들 창립(昌立)이 요절하였다.

1684년(숙종 10, 갑자) 56세.

1685년(숙종 11, 을축) 57세.

1686년(숙종 12, 병인) 58세.

1687년(숙종 13, 정묘) 59세.

영중추부사로 체임되었다.

1688년(숙종 14, 무진) 60세.

11월에 양주로 돌아갔다.

1689년(숙종 15, 기사) 61세.

정월에 전주(全州)에 가서 어용(御容)을 봉안하고 돌아오다가 기사환국이 일어나 진도에 안치되었다. 윤 3월 28일에 후명을 받고 4월초 9일에 서세하였다.

문곡은 절의를 중시한 청음(淸陰, 휘: 尙憲)의 손자로 가학을 이어받고 김장생(金長生)의 문인인 송시열(宋時烈), 송준길(宋浚吉)과 종유하였는데 송시열이 가장 아끼던 후배로 한때 사림의 종주로 추대되기도 하였다. 서인이 노론과 소론으로 분열할 때 노론의 영수가 되었던 관계로 소론의 배척을 받기도 하였다. 시문에 뛰어났고 병려문(騈儷文)은 당대의 일인자였다. 또 그는 가풍의 필법을 이어받아 전서, 해서, 초서에 모두 능하였다.

문곡의 사후 세평(世評)은 첫째, 남인의 역모를 꺾음으로써 기강을 유지하게 하였다는 것이고 둘째, 소론이 이론(異論)을 제기할 당시 홀로 옳은 것을 지켰을 뿐만 아니라 화를 당하면서도 후회하지 않았다는 것이며, 셋째 윤증(尹拯)의 배사(背師)의 죄를 통렬히 배척하여 선비의 갈 길을 밝혀주었다는 것이다. 그러나 노론계로부터 송시열과 윤증 간의 사사로운 일을 임금께 아뢰어 조정을 시끄럽게 만들고 나아가 사림을 분열시켰다는 비난을 받기도 하였다.

1694년(숙종 20) 신원되어 복관되었으며 1886년(고종 23) 현종묘정(顯宗廟庭)에 향배되었다. 1693년(숙종 19)에는 진도의 봉암사(鳳巖祠), 1694년(숙종 20) 영암의 녹동서원(鹿洞書院), 1698년(숙종 24) 포천(抱川)의 옥병서원(玉屛書院) 등에 제향되었다. 또한 1677년(숙종 23) 양주의 석실서원(石室書院), 전주의 호산사(湖山祠)에 추가 제향되었다.

저서로는 문곡집(文谷集) 28권이 있으며, 시호는 문충(文忠)이다.

「참고문헌」

《孝宗實錄》, 《顯宗實錄》, 《肅宗實錄》, 《黨議通略》
《國朝人物考》, 《文谷集》, 《文谷年譜》, 《抱川郡誌》
《韓國人名事典》, 《朝鮮人名辭書》, 《京畿人物誌》
《대한민국민족문화대백과사전》
《國史大事典》(李弘稙), 《安東金氏世譜》

문곡(文谷) 직계 가계도(家系圖)

시조 선평(宣平: 太師) ····· 습돈(習敦: 公須副正) — 여기(呂基: 戶長)

— 남수(南秀: 戶長正位) — 희(熙: 版圖判書) — 자(資: 衛尉注簿同正)

— 근중(斤重: 判禮賓寺事) — 득우(得雨: 典農正) — 혁(革: 閣門奉禮)

— 삼근(三近: 比安縣監) — 계권(係權: 漢城府判官)
- 학조(學祖)
- 영전(永銓)
- 영균(永鈞)
- 영추(永錘)
- 영수(永銖: 司憲府掌令)
  - 영(瑛)
  - 번(璠: 平壤庶尹) — 생해(生海: 信川郡守)
    - 대효(大孝: 三嘉縣監)
    - 원효(元孝)
    - 극효(克孝)
    - 선효(善孝)
  - 순(珣)

- 상헌(尙憲: 左議政) — 광찬(光燦: 同中樞)
  - 수증(壽增)
  - 수흥(壽興)
  - 수항(壽恒: 領議政)
    - 창집(昌集: 領議政)
      - 제겸(濟謙: 右副承旨)
        - 성행(省行)
          - 이장(履長: 掌樂正)
        - 준행(峻行)
        - 원행(元行)
        - 달행(達行)
        - 탄행(坦行)
        - 위행(偉行)
      - 호겸(好謙)
    - 창협(昌協: 禮曹判書
    - 창흡(昌翕: 進士)
    - 창업(昌業: 進士)
    - 창집(昌緝: 生員)
    - 창립(昌立)
  - 수징(壽徵)
  - 수응(壽應)
  - 수칭(壽稱)
  - 수능(壽能)

문곡(文谷) 유훈(遺訓) 6조(條)

내 관위(官位)가 정승(政丞)의 반열(班列)에 올랐고, 나이는 육십을 넘겼으니 후명(後命)을 받고 죽는다 해도 다시 여한(餘恨)이 없다마는 그래도 한스러움이 있구나.

효종(孝宗), 현종(顯宗), 숙종(肅宗)임금의 가이없는 은혜를 입고도 조그마한 보답도 못하고 종국에는 죽음에 이르게 되었으니 임금님에게 충성을 다하겠다던 뜻을 이루지 못한 것이 한이다.

내 소싯적부터 학문에 뜻을 두어 의리(義理)에 관한 책을 즐겨 읽었고 나이 들어서도 이 생각은 버리지 않고 있었는데 성품이 게을러서 독서에서 얻은 지식을 실용에 적용하지 못하고 이룬 것 없이 죽으니 한이다.

내 비록 젊은 나이에 벼슬길에 나갔으나 실은 벼슬에는 흥미가 없었고 산수(山水)를 좋아하여 늘 벼슬을 내어놓고 한적한 호반(湖畔)에서 늘그막을 보낼까 마음을 먹고 일찍이 백운산(白雲山) 속에 띠집(茅棟)을 지어놓고 마음은 늘 이곳에 가있었으나 벼슬이라는 재갈과 족쇄를 풀지 못하고 애시당초 마음먹었던 뜻을 이루지 못한 것이 한이다.

나는 이 한스러움을 너희들에게 알리고 싶어서 글로 적어 보인다. 나는 이 어려운 날을 당하여 내가 있어서는 안 될 자리에 너무나 오랫동안 참람되게 있었다. 백성들을 널리 구해야하는 책임을

지는 자리는 애초에 나에게는 감당키 어려운 것이었다. 관직과 나라를 병들게 한 죄는 참으로 무엇으로도 속죄할 수 없다. 그러나 임금님을 사랑하는 마음만은 천지신명이 보증해 주리라는 마음으로 오늘까지 지내왔다. 구차한 내 마음 고백할 곳 없구나. 후세에 내 자손들이라도 이 마음을 알아주었으면 한다.

옛날 할아버지(先祖考: 淸陰 휘 尙憲)께서 운명하실 적에 초상(初喪)과 제사(祭祀)는 검소(儉素)하게 치르라 유언하셨다. 나는 아무것도 해놓은 것이 없어 할아버지에 비하면 만에 하나도 미치지 못한다. 항차 지금 임금으로부터 죄를 얻어 죽음을 당하는 판에 할아버지의 덕에 누를 끼쳐서는 안 된다. 더더욱이 아무 일 없이 죽는 사람과 같아서는 안될 것이다.

내 죽은 뒤 상제(喪祭)는 검소하고 간략하게 하여 조금이라도 분수에 넘치게 하지 말아라. 내 이 뜻을 따라라.

우리 집 상제는 고례(古禮)와 다른 점이 많다. 할아버지께서 늘 말씀하시기를 선세(先世)부터 오랫동안 행해오던 예절을 바꾸기가 어렵다고 하셨다. 또한 그 가운데는 고치지 않으면 안 되는 것이 있다면 후손이 짐작하여 고쳐도 된다고 가르치셨다. 범사(凡事)가 오래되면 변하기 마련이다. 한결같이 고수(固守)해서는 안 된다. 내 죽은 후에 상제(喪祭)는 옛날과 지금이 같지 않거나 재력(財力)이 모자라는 것 외에는 모두 「상례비요(喪禮備要)」에 따라 행하여라.

무덤 앞에 세우는 석물은 사치스럽거나 크게 하는 폐습(弊習)을 본받지 말아라. 할아버지께서는 신도비를 세우지 말라고 하셔서 비를 세우지 않았다. 이제 나의 무덤에도 다만 짧은 표석(表石)만 세우고 지석(誌石)을 묻도록 하되 지석에는 우리 집 세계(世系)와 생졸이력(生卒履歷)만 간단히 쓰고 불필요한 장황(張皇)한 문자를 써서 다른 사람들의 비웃음을 사지 않게 하라.

내가 평소에 재주와 덕이 없이 오로지 선조의 음덕(陰德)에 힘입어 나라의 은총을 과분하게 받아 지위(地位)를 훔치고 분수가 지나쳐 스스로 재앙을 빨리 불러들였다. 오늘 이렇게 된 것은 높은 자리에 오르면 그만두고 물러날 줄 알아야하는 것을 실행하지 못했기 때문에 이 지경에 이른 것이다. 이제 뉘우친들 무슨 소용이 있겠는가. 무릇 내 자손들은 나의 행적을 경계로 삼아 늘 겸손한 몸가짐으로 물러날 줄 아는 자세를 갖도록 하라.

벼슬길에 나가게 되거든 현요(顯要)한 자리는 멀리하고 집에 있을 때에는 공손하고 검약한 생활을 하여라. 다른 사람들과 교유(交游)를 삼가고 논의(論議)는 간략히 하되 모든 것은 선대의 법도에 따라 하는 것이 자신과 집안을 보존하는 방법으로 최선일 것이다. 여러 손자들의 이름에 겸손할 겸(謙)자를 항렬(行列)로 삼게 한 것도 바로 이러한 뜻에서이다.

옛 사람들은 독서(讀書)의 종자가 끊겨서는 안 된다고 하였으니 너희들도 과연 이러한 뜻을 깨닫고 부지런히 여러 아이들을 가르쳐서 그들에게 마침내 충효(忠孝)의 문헌전통(文獻傳統)을 잃지 않게 한다면 문호(門戶)를 지키는 것이 꼭 과거(科擧)에 급제(及第)하여 벼슬길에 나가는 것에만 달려 있지 않은 것이다.

기사년(己巳年 1689) 4월 7일 문곡옹(文谷翁)은 아들 창집(昌集), 창협(昌協), 창흡(昌翕), 창업(昌業), 창즙(昌緝)에게 주노니 여러 손자가 장성하기를 기다렸다가 이 글을 보여주도록 하여라.

청음공(淸陰公) 유서(遺書)

광찬(光燦)은 보아라.

내가 죽은 뒤에 묘제(墓祭)는 다만 밥(飯)과 국(羹)과 적(炙) 각 한 그릇(적은 세 꿰미를 넘지 말 것)과 탕(湯) 두 그릇(육탕 하나, 채탕 하나)을 차리고 油密果(밀가루를 반죽하여 기름에 튀기고 꿀을 발라 튀밥을 입힌 造菓)를 쓰지 말고 시루떡으로 대신하고(떡을 쌀 서 되 이상하지 말 것) 포(脯)는 쓰되 식혜(醯)는 쓰지 말고 소채(蔬菜)로 대신하고 좌반(佐飯: 어육으로 만든 것)은 쓰지 말라. 나물과 김치 및 여러 가지 반찬이며 과일도 또한 세 그릇에 그치고 이밖에는 더하지 말라.

선세(先世)의 제품(祭品)은 한결같이 옛 법도(法度)를 따르되 임의로 덜지 말 것이니, 혹 더하거나 덜게 되면 불순(不順)한 자손이 될 뿐 아니라 신(神)이 반드시 흠향하지 않을 것이다. 묘(墓) 앞에 비(碑)를 세우지 말며 다만 단표(短標)에 향관(鄕貫)성명을 써두는 것이 옳을 것이다.

상석(床石)은 선비묘(先妣墓) 앞에 버려둔 것을 쓰고 망두석(望頭石)을 세우지 말라.

부부(夫婦)는 반드시 무덤을 같이 하지 말고 장사(葬事)때는 별강(別岡)을 쓰며 신주(神主)는 반드시 독(櫝)을 같이 하지 말고 각

독으로 하고 기제(忌祭) 때는 반드시 같이 진설하지 말고, 한 독(櫝) 만을 내다 제사하는 것이 옳으니라. 상제(喪祭)나 길제(吉祭)에도 묘제(墓祭)와 같이 하되, 너무 풍성(豊盛)하고 미려(美麗)하게 하여 예(禮)에 어긋나지 말 것이니 이는 예문(禮文)에만 경계했을 뿐 아니라 내가 평일(平日)에 봉양(奉養)하든 일이나 한 번이라도 뜻과 같이 아니하면 비록 죽은 뒤라도 진실로 차마 앉아서 그 풍성(豊盛)한 반찬을 흠양하지 못할 것이다. 제물(祭物)을 넉 줄로 높이 괴지 말고 과일상은 반드시 풍속(風俗)을 따라 하되 다만 과자(果子) 한 그릇(또한 서 되를 넘지 말 것)만 놓아라. 이를 어기면 반드시 흠향하지 않을 것이다.

사당(祠堂)에 옛 제도를 회복하지 못하여 마음에 늘 한(恨)이 되며 또 옛 제도에 다만 문 하나를 설치하였기 때문에 항시 신문(神門)에 출입(出入)하는게 심히 편치 못한 고로 집의 재력을 기다려 먼저 사당(祠堂)을 세우되 한결같이 옛 제도를 따라 문(門) 둘을 새로 설치하여 내 뜻을 이루도록 하라.

초상(初喪)때 관(棺)을 만드는데 높고 크게하지 말고 의금(衣衾)은 겨우 몸에 맞도록 하고 장사시에 석회(石灰)는 백석(봉지인 듯)이 넘도록 쓰지 말며 유회(油灰)를 쓰지 말고 무덤에 쓰여지는 기구는 검소하고 규제를 따르는데 힘써서 내 평생의 뜻을 저버리지 말라.

일찍이 원종녹권(原從錄券)을 보니 사후(死後)에는 한 계급의 품계를 높여준다 하니 지난 임자년에 회맹제문(會盟祭文: 임금이 공신들과 단결을 맹세하기 위하여 짐승을 잡아 하늘에 제사할 때 제문. 광해오년삼월십이일사공신(光海五年三月十二日四功臣)이 백악산 아래에 모여 맹세함)을 지음으로써 준례대로 사공신원종(四功臣原從: 위성(衛聖)이 一이요, 진(津)이 二요, 직재(直裁)가 三이요, 영경(永慶)이 四인데 모두 한 때였다)에 참례하였으나, 그러나 내가 죽은 후에 증직(贈職)을 청하지 말라.

만약 온 집안에서 말을 하지 않는다면 유사(有司)가 기억할리가 없을 것이다.

궤연(几筵)에 붓과 벼루와 항시 읽던 책 몇 질을 놓아두고 그림과 글씨는 몇 장을 골라 묘(墓) 곁에 묻어라.

천계(天啓) 임술년(1622) 섣달그믐 하루 전날에
아비는 쓰다.

본고(本稿)는 1934년 3월 31일에 조선총독부(朝鮮總督府)에서 간행(刊行)한 조선사료집진(朝鮮史料集眞)에 수록(收錄)된 것으로 청음공(淸陰公)께서 친필(親筆)로 쓰신 유서(遺書)를 후예(後裔) 석진씨(碩鎭氏)가 번역(飜譯)했다.

원본(原本)은 당시 광주(光州)의 현준호(玄俊鎬) 소장(所藏)으로 가로 39.2cm 세로 30.3cm의 크기로 된 것이며 청음공이 53세 때(光海君 14年 12月 29日) 사자(嗣子)이신 운영공(雲永公)께서 주신 글이다.

이 유서(遺書)는 청음공(淸陰公)의 졸후(卒後)의 초상치관(初喪治棺), 묘제(墓祭), 상제(喪制), 길제(吉祭), 사당(祠堂) 등에 이르는 후사(後事)로 공께서 평일에 봉양(奉養)하는 구규(舊規)에 따라 거행(擧行)할 것과 풍치(豊侈)하고 미려(美麗)하게 하여 예(禮)에 벗어나는 일이 없도록 훈계(訓戒)한 것이다.

그러나 사당(祠堂)은 공 63세 때 건립(建立)한 바 있다. 또 가자(加資), 추증(追贈)의 전(典)을 소청(訴請)치 말고 영침(靈寢)에는 필현(筆硯)과 평시에 보시는 서책(書冊)을 놓고 도서(圖書)는 얼마를 골라 묘방(墓傍)에 매안(埋安)할 것 등을 명(命)한 것이다.

문중(文中)에 사공신(四功臣)은 위성(衛聖), 익사(翼社), 정운(定運), 형난(亨難)의 제공신(諸功臣)으로 광해군 5년 3월 12일 일시(一時)에 병록(並錄)된 것이다.

즉 위성(衛聖)은 선조 25년 임진왜란(壬辰倭亂)때 왕세자(王世子)인 광해군(光海君)을 이천(伊川), 전주등지(全州等地)로 모신 분들 모두 의주(義州) 호종(扈從)의 제신(諸臣)으로 분송(分送)하여 무군사(撫軍司)가 된 분 또는 도로(道路) 반부자(攀附者)가 많았는데 그 호종공신(扈從功臣)에 참예한 자(者)가 20인이었다.

1등(一等) 10인, 2등(二等) 17인, 3등(三等) 53인으로 최흥원(崔興原), 정탁(鄭琢), 윤두수(尹斗壽), 이항복(李恒福), 윤자신(尹自新), 심충겸(沈忠謙) 등이 주(主)였고 익사(翼社)는 임해군(臨海君) 진(珒)을 역모(逆謀)로 고(告)하여 치옥(治獄)한 제신(諸臣)으로 1등(一等) 5인, 2등(二等) 15인, 3등(三等) 28인으로 허성(許筬), 김이원(金履元),(후에 신원(信元)으로 개명), 류희분(柳希奮), 최유원(崔有源), 윤효전(尹孝全) 등(等)이 주(主)였고 정운(定運)은 정인홍(鄭仁弘) 등 류영경(柳永慶)을 소론(疏論)한 공(功)으로 1등(一等) 2인, 2등(二等) 5인, 3등(三等) 4인으로 이산해(李山海), 정인홍(鄭仁弘), 이이첨(李爾瞻), 이성(李星) 등(等)이 주(主)였고 형난(亨難)은 신율고변(申慄告變)으로 김직재(金直裁), 김백함(金百緘)을 역모(逆謀)로 치옥(治獄)한 공(功)으로 1등(一等) 2인, 2등(二等) 12인, 3등(三等) 10인으로 신율(申慄)이 주(主)였다.

즉 이상의 사공신(四功臣)은 일시에 초승(超陞)하여 하료(下僚)에서 재상(宰相)이 된 자(者)가 태반(殆半)이고 부원군(府院君)에 봉작(封爵)된 자(者) 27인으로 원종(原從)에 책록(策錄)된 자(者) 일만(一萬)을 헤아렸다. 청음공(淸陰公)도 이 사공신(四功臣) 원종(原從)에 책록(策錄)되었던 것이다.

여기에 주(註)를 붙인 위성(衛聖)은 위성공신(衛聖功臣) 진(珒)은 익사공신(翼社功臣) 직재(直裁)는 형난공신(亨難功臣) 영경(永慶)은 정운공신(定運功臣)을 설명한 것이다. 이 공신(功臣)은 후에 인조반정(仁祖反正)으로 삭훈(削勳)되었다.

己巳遺教

긔ᄉᆞ유ᄉᆞ

ᄉᆞ월 초오일 젼 여ᄀᆞ 시ᄀᆞ 후의 ᄉᆞ람
미 급히 와 망극ᄒᆞᆫ 긔별을 뎐ᄒᆞ
니 지셔 ᄉᆞ람이 상하의 블지ᆞ지고
브ᄃᆡ 이 쳐우ᄃᆡ 이 와 칠시ᄋᆞᆫ의 드려
가 안자 조봉이 제ᄌᆞ 다려 일오ᄃᆡ
내 일셔 국ᄒᆞ여 ᄉᆞᆫ지라 보ᄋᆞᆯ 이ᄅᆞᆫ
죡히 고이티 아니ᄒᆞᄃᆡ 다만 미려

실젹브터 학문의 뜻을 두어시
더니 과장되지 못ᄒᆞ여 인ᄒᆞ야 ᄇᆞ
려시나 그러나 한녀ᄂᆞ 더ᄂᆞᆫ 경ᄋᆞ ᄒᆞ야
일ᄌᆞ의 빗다 알젹이 업ᄉᆞ라
스ᄉᆞ로 헤아리니 ᄌᆞ질이 이지 경의 ᄂᆞᆫ흑
가히 힘쓸 거시로ᄃᆡ 졀힌 ᄒᆞ기ᄂᆞᆫ 소
장이 아니라 못거야 더 힘ᄡᅥ 젹이 ᄂᆞᆺ
기ᄅᆞᆯ 결단 가 ᄒᆞ엿더니 이제 ᄂᆞᆫ

밋다 웃ᄋᆞᆸ게 ᄒᆞ여시니 이거시 효이
로다 ᄯᅩ 이ᄅᆞ시ᄃᆡ 내 비록 일즉 ᄉᆞ
도의 나시사 환경은 시기히 ᄒᆞ되
아니 ᄒᆞ고 ᄯᅩ 셩이 산슈을 도화 ᄒᆞ
더 명상 외간이 여 한가 ᄒᆞᆫ 뎍을
너 갈 뵌 울 밀부다 웃ᄒᆞ고 병승
ᄒᆞ물 ᄁᆞ다 아니 ᄒᆞ여 이ᄯᅦ 너른 려ᄉᆞ
그러나 내 본ᄃᆡ 져 조와 ᄃᆞᆨ이 어둡

ᄉᆞ디 뼝위 다람ᄒᆞ고 소ᄒᆞᆫ 남이 ᄢᅵ
셔 ᄂᆞᆺ디 ᄆᆞᆺ나 ᄒᆞ디 여러 번 가ᄯᅢ 쟝
뵌을 ᄒᆞ고 오뢰 ᄆᆞᆯ령을 가ᄇᆞᆫ이라
영만이 이ᄢᅦ 국ᄒᆞ나 진실노 온ᄂᆞᆯ
날ᄒᆡ 잇ᄉᆞ이 ᄆᆞᆺ당ᄒᆞ나 라 ᄂᆡ 시ᄂᆞᆼ
과 져뢰 ᄇᆞᆫ디 단죄ᄒᆞ거ᄂᆞᆯ 오뢰 아
나 잇ᄉᆞ시ᄅᆞᆯ디 당ᄒᆞ여 힘업이 작고 쳐ᄉᆞ
업이 흉ᄒᆞ나 스ᄉᆞᆯ로 죄괘ᄒᆞ야 둘르

히 아닌줄 알거시와 만이 알고견

히옵ᄂᆞᆫ 숑ᄒᆞ산 졍셩은 스ᄉᆞ로가

히신 명의 지질 졍ᄒᆞ오리라 ᄒᆞ며 평

셩의 ᄯᅩᄒᆞᆫ 일ᄌᆞ 샹인 ᄒᆡ 굴ᄒᆞᆯ 문

음이 업셔 졀후의 명을 볼다터

옥ᄒᆞᆯ 제변 찰이 미ᄉᆞ디 ᄇᆞᆺᄒᆞ쓴 후

이시나 이메 ᄇᆞᆼ졍ᄒᆞ여 내드려 졍

려 어려이 ᄌᆞ이ᄀᆞ로셔 ᄒᆡ녀기

ᄉᆞ실ᄂᆞ든마 ᄋᆞᆺ올ᄇᆡ로라 ᄒᆞ시ᄢᅦ
니르러시니 졍두시ᄢᅦ를 ᄯᅩ한一
알지라 고산의 ᄃᆞᆯ라가 장ᄉᆞᆼ기를
창ᄌᆞᆯ의 ᄋᆞᆺ할 거시니 이제 아자ᄉᆞ一
녕암우림다이 우 장ᄒᆞ엿다가
종용이 형 ᄢᅦ를 보아 거 취ᄒᆞᆷ
ᄯᅡᆺ당ᄒᆞ고 조만의 ᄃᆞᆯ라와 영장ᄒᆞ게
되면 셔ᄃᆞ더 네 아의 우덤의 갓가

이ᄒᆞ여 혼녜ᄋᆞᆯᄒᆞ여 곰셔ᄋᆞᆯ의지
게ᄒᆞ라 나의 소원은 생히 셜산ᄋᆞᆫ
퇴의ᄶᅩᆨ치고 ᄭᅧᆨᄒᆞ어 망음벅어져
영ᄒᆞ연지 ᄯᅩᄒᆞ옥련지라 변룻
두셔너굿티 통ᄒᆞ디 이시나 벼ᄆᆞᆫ
울보아도 ᄯᅩᄒᆞᆯ 쓸듯ᄒᆞ굿이 업ᄉᆞᆯ
듯ᄒᆞ고 밤뒤 셔외힘 잠은두 현ᄉᆞᆯ이
다ᄇᆡᆫ 든시 뻐ᄉᆞ ᄉᆞ다 웃ᄒᆞᆯ거시나 반

일졀두의 마지못ᄒᆞ여 신복ᄒᆞᄂᆞᆫ
일이 이셔도 혹 셜산며지 아닌디
어드면 단힝커니와 만일 죵시히
엇지못ᄒᆞ여 면디뎡ᄒᆞ면 네 이미 인
수더ᄅᆞᆯ ᄒᆞᆯ 노뢰 두지 못ᄒᆞᆯ 거시니
브디 신복ᄒᆞᆯ ᄯᅢ ᄒᆞᆯ 옴겨 가미 올
흐니라 아미의 (너져 가차) 분 굴으디 신복ᄒᆞᆯ
씌히 혹 셜산의 셔시ᄆᆡ히 며지 아닌

곳이 잇셔도 망ᄃᆡ외 수덩을 옴기
긔 이ᄉᆞ하 ᄂᆞᆯ시다 만이 ᄉᆞᆯ수ᄅᆞᆯ ᄉᆞ이면며
이ᄌᆞᆺᄒᆞ며 이동ᄒᆞ외오 수시오니 밧긔
너ᄅᆞᆫ쳐 ᄂᆞ수 호ᄒᆞᆫ기 며려올 도ᄅᆞᆺᄒᆞ고
년ᄎᆞᆷ 내고 단ᄎᆞᆯ 업ᄉᆞ미 이시니 앙옵
기지 못ᄒᆞ리라 아뢰ᄋᆞᆯ오ᄃᆡ 하괴ᄒᆞ
이러ᄒᆞᆺᄒᆞ시니 맛당이 이러ᄒᆞ오려니
와다 만셩가ᄒᆞ오니 망ᄃᆡ의 우친

곳이 안온ᄒᆞ여 다ᄅᆞᆫ 념려 업서셔ᄂᆞᆫ
못엇기 쉽지 아닐 듯ᄒᆞ고 또 쳔산의
셔 머지 아니ᄒᆞ고 또 ᄭᅴ 후ᄒᆞ니 이시니
장내 아조 단ᄒᆞᆯ사히 되지 아닐 거시
오신 산의 여혈 잇기를 또ᄒᆞ고 괴ᄒᆞᆯ
치 옷ᄒᆞ니 그려면 쳔이 ᄒᆞ기를 ᄋᆞᆼ히
이 옷ᄒᆞᆯ 거시니 그려면 업지 ᄒᆞ리이다
나로시ᄃᆡ 내 아은 수 되신ᄃᆡ 다 설오

셜고져 아니ᄒᆞ미 이지 졍이란 신산여
혈이 만이ᄅᆞ디 단졀만 못ᄒᆞ지 아니
ᄒᆞ면 한ᄭᅴ ᄒᆡᆫ 옴겨 ᄀᆞ미 올ᄒᆞ니라 아
ᄭᅴ 갈오ᄃᆡ 신목ᄒᆞᆫ ᄭᅴᄒᆡ 만일 져기
먼ᄃᆡ 이시면 방ᄃᆡ의 수덤을 ᄆᆞᆺ당이
옴겨 가오려니와 다만 너희질이 수히
ᄒᆞᆫ곳의 밋기 어려오니 후졔ᄎᆞ시ᄀᆡ되
엿ᄌᆞ오ᄃᆡ 별로 길지를 신산 시면ᄒᆞ리

ᄉᆞ이의 어드면 비록 ᄒᆞᆫ 도국 안히 아
니라. 도ᄯᅳ미 희홉다 아니리잇가 니ᄅᆞ
시되 고인이 갈오ᄯᅢ 혼ᄌᆞ ᄉᆞᆫ 아니 갈ᄯᅢ
업다 ᄒᆞ니 ᄂᆞ연 길 지ᄂᆞᆯ 어드면 시더
ᄉᆞ리 ᄉᆞᆼ올 어이 머다 ᄒᆞ리오 이런 형
쎄ᄉᆞᆫ 그리 정되 못ᄒᆞᆯ 거시니 엇디 ᄎᆞ
련ᄒᆞ여 ᄒᆞ미 업ᄉᆞ리오 ᄀᆞ련 ᄉᆞ브되 쎄
로 갓갑기ᄅᆞᆯ ᄎᆞᄒᆞ미 올흐니라 쳔도

의신산을 주ᄒᆞ여 만일 ᄉᆞ헌ᄒᆞ다
ᄒᆞᆯ션산근쳐의 어드면 진실노 다ᄒᆡᆼ
커니와 셰션지 아니ᄒᆞᆯ듯ᄒᆞ니 비록
ᄉᆞ실ᄒᆞ니 ᄉᆞ이의 가네더ᄒᆞ다 ᄒᆡ나 연
길ᄒᆞ고 ᄒᆡᆼ실이 유여ᄒᆞ야 가히 두어
대 장ᄉᆞ를 응납ᄒᆞᆯ량이면 잡아
쓰미 가ᄒᆞ니라 아뫼 갈ᄋᆞ되 셜ᄉᆞ 백
나 밧긔 ᄯᅳᆺ의 마잔 곳이 이시면 쓰

올회 이사아 나른 시디 벗시의 지난

변너 쓰머니 갓가온디 ᄅᆞᆯ 별회고 멸

니 갓기ᄂᆞ 까치 분병이 비ᄒᆞ나 이야

가 ᄒᆞ이라 주산을 다한 뎡 온ᄒᆞ야 수

회 ᄒᆞᆯ 증물 버드미 올코ᄇᆞ디 디 지ᄅᆞᆯ

언드러 삿ᄒᆞ미 울지 아녀ᄒᆞ여라 아뢰

숑와 못본 아뢰 ᄃᆞᆯ디 놓엄 본 울며 뎡ᄒᆞ야 ᄀᆞᆯ오

디ᄃᆞᆫ 날의 너 말ᄉᆞᆷ을 뫼옵고 져오

로가미 맛당이 우동을 감수ᄒᆞᄃᆡ 영평 갓ᄒᆞᆫ ᄃᆡᄂᆞᆫ ᄯᅩᄒᆞᆫ 이 브러 권이 ᄒᆞ시던 다히 나 둘라 가미 가ᄒᆞ리이ᄭᅡ ᄃᆡ답ᄒᆞ여 ᄀᆞᆯ오ᄉᆞᄃᆡ 영평은 내 본ᄃᆡ 뉴의 ᄒᆞᆫ번 ᄃᆞᆫ니미 ᄋᆡ양ᄒᆞᆫ번 둘라 가고져 ᄒᆞ다가 ᄆᆞᄎᆞᆷ내 일우지 못ᄒᆞ엿ᄂᆞᆫ디라 그다히 황벽ᄒᆞ고 싱ᄌᆞ소 어려우니 비록 졸연히 온 집이 가

지옷ᄒᆞ여도 너희 형뎨 동의ᄒᆞ히

조ᄇᆞᆫ의 가살ᄒᆞ니 이 쉬련되ᄉᆞ거시되

다앙니 편다힝 ᄒᆞ리라 ᄶᅩᆫ영이니선(신칙)

쓰뎌ᄉᆞ 비급록니 당부아ᄒᆞ여도 너희들

이웅당 잘들 보ᄒᆞ리라 훈상(후) 졈이

비록어리나 반ᄃᆞ시 능히 쳥ᄒᆞᆫ넘ᄒᆞᆯ

거시니 옥동지엽을 ᄂᆡ 듯을뎐ᄒᆞ여

주미아 ᄒᆞ리라 나 상(졔)졈이 다ᄅᆞᆫ아

희ᄌᆞ다ᄅᆞ미 이스고 작인을도 잘ᄒᆞ여
시니 비야ᄋᆞ 숙동도쳐가 손ᄌᆞ그ᄅᆞᆫ 죄셩
뒤ᄒᆞ려 ᄒᆞ더니 근츔시 뜻 굿디 못ᄒᆞᆫ
니 탄ᄒᆞᆫ ᄒᆞᆫ 너희 지동이 몸되이시
니 엇지 다시 셰ᄉᆞ의 뜻이 이시리오
그러나 손ᄌᆞ 아희들은 가히 브ᄌᆞᆯ어
글은 죄ᄒᆞ여 금각각 사ᄅᆞᆷ이 되게야
되못ᄒᆞᆯ 거시니라 고인이 니ᄅᆞᆫ들

아뎌ᄉᆞ가 ᄒᆞᆨ셔 죵ᄎᆞ올 ᄉᆡᆼ치 말나

ᄒᆞ나 맛당이 이 ᄯᅳᆺ을 ᄉᆡᆼ각ᄒᆞ여 힘

ᄡᅥ 잘 굴ᄂᆞᆫ 졍ᄉᆡ 둥ᄒᆞᆫ 본뎐의 뎐ᄒᆞ

을 일치 말게 ᄒᆞ미 가ᄒᆞ니라 너희

졍ᄂᆞ 진실노 방국ᄒᆞᆯ 거시오 ᄌᆞ라나

우 죵ᄒᆞᆫ 병퍼 이시여 가히 ᄯᅳᆺ디 ᄆᆞᄅᆞ 안조

리다 ᄒᆞ여 명셩ᄒᆞ기의 나ᄅᆞ기 ᄀᆞᆺ치

아ᄂᆞ르 ᄒᆞᆫ울며 어ᄃᆡ(네스리 본) 즉지다(본ᄉᆞ) 은덩을

고여외기 룰십오여 상헤 늠ᄀᆞᄒᆞ던
꺼사라 시더옥 녀ᄉᆞ녀 굴 노티 못ᄒᆞ던
거시어 브신이 못ᄒᆞᆯ 길ᄒᆡ 바다 보젼ᄒᆞ
ᄒᆞ돌록 ᄒᆞ라 이외 앗ᄉᆞᆸ부ᄌᆞ옵디 ᄒᆞ여 굴로
디 맛당이 ᄒᆞ. 골을 맛ᄌᆞ와 그기 머기
라도 장ᄎᆞ ᄒᆞᆯ키 이다 나르시디 네 진실
노이ᄒᆡ ᄒᆞ면 니 근심이 업ᄂᆞᆫ라 정티 一
달녀와 뵈옷나 나르시디 네 오기를

슉이 ᄒᆞ니 단힝ᄒᆞ도다 이리 와 나ᄂᆞᆫ
로니 별ᄒᆞ기 쉽다 아니코
절힌 예와 이런 변ᄉᆞ를 만나 대범
ᄉᆞ를 부부ᄒᆞᆯ 곳이 업ᄉᆞᆫ디라 ᄯᅳᆺ
민망ᄒᆞ여 ᄒᆞ더니 세ᄒᆞ히 미쳐 오니
진실로 단힝ᄒᆞ도다
디도 더욱 시어 반ᄃᆞ시 ᄒᆞᆫ 술을 ᄒᆞ리시
려니와 불힌ᄒᆞ여 죄젹 거ᄃᆞᆺ술

하의 주ᄎᆞᆫ이 일을 만나시고 이제 ᄯᅩ ᄂᆞᆯ
느ᄒᆞ여셔 ᄂᆞᄒᆞ신ᄃᆡ ᄂᆞᆨᄒᆞᆫᄒᆞᆫ 셜우ᄉᆞᆯ
더 웃시다 이ᄒᆞᆯ이오 ᄒᆞᆫ이르단 인ᄒᆞ야
등잔을 블러히라 ᄒᆞ시고 졀셔 두등
울셔 ᄇᆡᆨ시ᄌᆞᆼ시기 ᄃᆡᆫᄒᆞ라 ᄒᆞ시다 ᄇᆞᆺ
ᄎᆞᆫ방의 나가시다 안시ᄐᆞᆫ ᄃᆞ리와ᄃᆡ
엽ᄉᆞ동 주ᄒᆞ여 골오ᄃᆡ 쳔하의 엇
지 이런 일이 이시리잇가 ᄒᆞ셩이이

럴줄 알면 어이 ᄎᆞ마 ᄒᆡᆼ여의 며ᄂᆞ리
와이 경ᄉᆡᆨ을 보오리잇가 ᄃᆡ답ᄒᆞ야
갈오ᄉᆞᄃᆡ 오날 일은 스ᄉᆞ로 인ᄒᆞᆫ 디오
랑이 어이 죽히고 이ᄒᆞ리오다마ᄂᆞᆫ 이 절
혼의와 네녁희 지친이 업고 츙
종의 실절은 더옥 셩양키 어려외
ᄒᆞ더니 다ᄒᆡᆼ이 그ᄃᆡ 며ᄂᆞ리 님ᄒᆞ여
범ᄇᆡᆨ을 의탁ᄒᆞᆯᄃᆡ 이시니 가히 깃

브다 ᄒᆞ시다 평ᄉᆡᆼ 챵ᄃᆞ려 닐너 ᄀᆞᆯᄋᆞᄉᆞ
ᄃᆡ 조ᄉᆞ어 ᄒᆡᆼ쥭을 ᄇᆡᆨ시와 ᄆᆡᆺᄃᆞᆼ시
임의 다ᄒᆞ야 겨시ᄃᆡ 나다ᄉᆞᄒᆞ기로
인ᄎᆞᆫᄒᆞ야 일우지 못ᄒᆞ여 오ᄂᆞᆯ 날의
나ᄅᆞᆫ 렷ᄂᆞᆫ쳑ᄒᆞ시고 인ᄒᆞ여 져근 상ᄌᆞ
를 갓다가 ᄉᆞ근 조희를 버어 내야 나
ᄅᆞᆫ시ᄃᆡ 이거시 지신 ᄒᆡᆫ의 ᄇᆡᆨ시거룩
ᄒᆞ신 ᄇᆡ로 ᄂᆡ아 그가 온ᄃᆡ 약간 ᄒᆡᆷ산

ᄒᆞ뎨 이ᄉᆞᆼᄒᆞ다 ᄒᆞ시고 인ᄒᆞ여 부ᄉᆞᆯ 가
지시고 그 졈심이면 ᄒᆞᆯ도 건을 뎜뎌 블ᄒᆞᆷ
ᄒᆞ시다 ᄯᅩ 졍ᄌᆞ도ᄒᆞ여 내 ᄀᆞ시티 아ᄒᆞ 셜
고비 본 곳이 일로 아니 보내겨 본 도ᄒᆞ여 ᄉᆞᆫ 다ᄒᆞᆷ ᄒᆞᆯ
일이 이 시ᄂᆞ ᄃᆡ 이 ᄌᆡ 너 ᄃᆞ려다 시ᄂᆞ
ᄃᆞ ᄌᆞ라 셥비 본 ᄭᅬ지 너 ᄌᆞᆺ다 ᄌᆞ 뎜안
울ᄭᅩᆺ 보아도 진혈이 안ᄯᅩᆺ ᄒᆞ오다 ᄆᆞᆫ
셜산 안회 ᄌᆞᆨ장을 ᄡᅥᆺ더니 그 후 ᄉᆞᆨ

시졀의 ᄯᅳᆺ을 디단ᄒᆞᆯ 저 ᄉᆡᆼ이 업ᄉᆞᆸ
신뎐할 장ᄒᆞᆯ ᄯᅢ의 나라ᄃᆡ 비록
구랑을 여다 아니 ᄒᆞ오시랑이 강졍
ᄒᆞ여ᄯᅩ른 타시염기로 인ᄒᆞ야 념一
ᄃᆡ 업ᄉᆞ다 ᄒᆞ여시더니 그ᄒᆞᆨ 다 ᄉᆞ와 보
ᄂᆞ니 비록 나ᄂᆞ라 ᄂᆞ니 만ᄒᆞᄂᆞ 우리 집
이 ᄅᆞᆼ슈의 말ᄉᆞᆷ을 드로 회 아니 ᄒᆞ오ᄯᅩ一
일이 ᄒᆞᆼ디 ᄒᆞ기로 셔ᄯᅩ 감히 드러 내

며ᄂᆞ리 못ᄒᆞ여셔 제 록이 ᄒᆞᆫ도일
가의 찬상이 년ᄒᆞ여 나고 오ᄂᆞᆯ날
나의 화의 니ᄅᆞ려야 어이 강히 션
산이 블길타 ᄒᆞ고 ᄒᆞ리오마ᄂᆞᆫ 다가 一
말고 너ᄂᆞᆫ 조션이 ᄃᆡ벽이 이안평
ᄒᆞᆫ 번 ᄌᆞ손이 화 밧ᄌᆞ나 업다 ᄒᆞ나
이 즁구려 ᄒᆞᆯ지라 구려 ᄒᆞ면 ᄌᆞ손의
화복은 아직 나ᄅᆞᆫ도 말고 ᄉᆞ로 ᄒᆞᆯ 너시

디구연ᄒᆞᆫ곳이 아니라 우리 집이
본디 풍속을 ᄌᆞ화 아니 ᄒᆞ고 ᄉᆞᄅᆞᆷ이 ᄭᅴ
쎄상의 뎐장이 ᄇᆞᆯ온ᄒᆞ야 ᄒᆞᆫ뎨
속이 되여시니 이실고시 일ᄌᆞ아
쳐ᄒᆞᆫ빈라 그런ᄂᆞᆫ 연쎄 일ᄂᆞ 일ᄂᆞ
도실고가 지웃ᄒᆞᆫ 일ᄅᆞ이 이시면 또ᄒᆞᆫ 일
ᄌᆞ이 동치 아니ᄒᆞ야 샹기 ᄂᆞ고 ᄌᆞ곳
은시니 도회음 ᄒᆞᆫ곳의 쓰왓더니다

셔 회ᄒᆞ니 만코 셤안을 못아도
또한 도리 아닌 둣ᄒᆞ기로 시방혈의
옴겨 뫼와시니 다셔 당조의 나ᄅᆞᆫ
디셔 혈이 맛당이 세귀ᄌᆞ가 ᄂᆞ뢰
라 ᄒᆞ더니 쓴 후 다 연우리 형데 ᄂᆞ
년 디의 ᄂᆞ니 이제 이션 죄다 연
회 ᄒᆞ니 말 ᄀᆞᆺᄒᆞ여 디단 ᄒᆞ시회 이
시번 그티 ᄇᆡ이 울 형만이 ᄒᆞᄂᆞᆫ 돌뢰

의 변통ᄒᆞ미 업지 못ᄒᆞᆯ 거시니 네
브ᄃᆡ 조용이 빅시과 품고ᄒᆞ여
상냥ᄒᆞ여 션쳐ᄒᆞ시게 ᄒᆞ미 가
ᄒᆞ니라 ᄌᆡ손의 명ᄌᆞᄅᆞᆯ 뎡ᄒᆞ시손
조츠례를 버려 쓰시나 나의 이려ᄒᆞ
실 제로브터 감명ᄒᆞ여다 나ᄅᆞᆫᄃᆡ
뉘 오십의 지ᄂᆞᆫ지 못ᄒᆞᄂᆞ니라 ᄒᆞ니 회
갑의 나ᄅᆞᆫ 기ᄂᆞᆫ ᄯᅳᆺ 아녀ᄂᆞᆫ지라 상히

스승스승이 려녀기더니 이저다 번
이러 호도라 서약의 국견은의 갈론
한거술머더니야 쌍난분비히서
두환줄귀글지던며 니어벨며나른
시티이다연만장도다이외 앙갈옵티
대인이 금생뭇통중아저실적
브터 보도의지식임을말하은의각
별이라르시르도 선왕의고면을

열ᄃᆞᆺ경신이후로권위ᄒᆞ시미더
욱늉셩ᄒᆞ고두ᄒᆞᆫᄒᆞ실ᄯᅢ의나ᄅᆞᆫ
러시약ᄒᆞ시믄근노ᄒᆞ미더욱시샹
ᄒᆞᆫ대비기다못ᄒᆞᆯ거시어날이ᄶᅵ일
주일을고셔샹의공검ᄒᆞ시믈니ᄅᆞ다못
ᄒᆞ니엇지더욱뵌듕히아니리잇고
ᄃᆡ답ᄒᆞ야갈오ᄉᆞᄃᆡ나ᄂᆞᆫ됴ᄉᆞᆫ이
빙즉가히나ᄅᆞᆯ거시업ᄉᆞ오빈

ᄒᆞᄂᆞᆫ평ᄉᆡᆼ은스승님이에셔되지
지아니로되ᄒᆞ여나이졔망ᄌᆞ부ᄌᆞ
믓셔죄를삼ᄋᆞ니이ᄯᅩᄒᆞᆫ갈히가
연ᄒᆞᆫ듯다ᄒᆞ려ᄋᆞ나의흉신을ᄒᆞ여
곧진실로군상을감격ᄒᆞ여시면
엇지이에니ᄅᆞ리오이ᄯᅩᄒᆞᆫ나의ᄌᆞ
반ᄒᆞᆯ곳이니라독회ᄯᅢ의일이야
그ᄯᅢ조우ᄒᆞ고취ᄒᆞ던거동은밧

사ᄅᆞᆷ이 ᄯᅩᄒᆞᆫ 엇지 다 알니오 당초
풍쇽의 뮈듕ᄒᆞ미 네 ᄉᆞ즙지 아니
코미ᄉᆞ고 회두ᄒᆞ시니 ᄯᅩᄒᆞᆫ 허다ᄒᆞᆫ
위우ᄒᆞ블지니 앙ᄅᆞ시 ᄂᆞᆼ의 경
동ᄒᆞ올가 저허 일ᄌᆞ들 피오니 아
니 키로 밧ᄉᆞᆸ은 능히 아지 못ᄒᆞᄂᆞ니
라 ᄉᆞ압ᄒᆞ옵신 후 니ᄅᆞ러는 ᄒᆞ올 방
은 ᄒᆞ올 년이 별회 디 작ᄒᆞ시미 장

황망조ᄒᆞ야 ᄣᅦ시 죵양을 만히
ᄡᅥ셔 유수ᄉᆞᄒᆞᆫ 불어드라 대상시
약ᄒᆞ야 용골일 ᄌᆞᆨ홀도 우ᄅᆞᆯ 굴
고ᄅᆞ리 믜 나아 갈줄 알니 ᄀᆞᄉᆞᆫ이 죠흘
초젼ᄒᆞ미야 어이 ᄯᅥᆯ상ᄒᆞ여 나ᄅᆞᆫ
리오믿 셩희 져유 편안ᄒᆞ시고 믿
왼ᄇᆞᆨ지 ᄀᆞᆺᄒᆞ여 ᄯᅩ ᄌᆞ셩이 승하ᄒᆞᆫ
신변을 맛ᄂᆞ니 더옥 다시 우의 망조

한디 셩복이 지ᄉᆞ지 못ᄒᆞ시고 졍쳥
이 발치 못ᄒᆞᆫ 졀의 욕되 결단ᄒᆞ
야 부지 ᄒᆞ시기 어려온디 다ᄅᆞᆫ 변통
할 길히 업셔 마지 못ᄒᆞ야 허락을
권진할 ᄯᅳᆺ은 ᄯᅢ 왕대비 젼의 주
졀을 ᄭᅮ제 달ᄒᆞ야 굴단 이거시ᄂᆞ
유ᄉᆞ시나 달고 셔옥 ᄉᆞ뢰 ᄒᆞ온지음의
셔ᄒᆞ로 ᄒᆞ유학을 폐 치 아니ᄒᆞ니 이ᄉᆞ

ᄉᆞᆲᄂᆞᆫ지라 대강 일ᄌᆞᆨ 동ᄐᆞᆯ 집의 이
말이 이시믈 드ᄅᆞ시기ᄅᆞᆯ 인ᄒᆞ여 쳥ᄒᆞ
야 몽운ᄒᆞᆫ 줄 어ᄃᆞ시ᄂᆞᆫ 도리 힝ᄒᆞ
여ᄒᆞ더니 후의 드ᄅᆞ니 박좌 숙셰쳐
이일노 궁즁을 속엿다 ᄒᆞ니 ᄉᆞ름의
소견이 진실노 갓ᄀᆞᆺ지 아니ᄒᆞ오ᄃᆡ
한그ᄯᅢ 뷔박ᄒᆞᆫ 형셰를 헤아리다 아
녀ᄌᆞ여 ᄒᆞ니라 ᄆᆞ롯 이니ᄅᆞᄂᆞᆫ 말이으

ᄉᆞᆯ오나의 슈구를ᄯᅥ 난거시 아니라 너
ᄒᆡᄃᆞᆯ 고ᄒᆞ여 곰ᄯᅵ 그실 상을알라
려ᄒᆞ미니라 ᄃᆞᆯ셔 ᄇᆞᆯ이 쳥ᄒᆞ여 굴
오ᄃᆡ 꼬도 슌종을 ᄡᆞᆺ당이어 던ᄉᆞ람
의게 탁ᄒᆞ외 잇고 ᄃᆡ답ᄒᆞ여 굴
오ᄃᆡ 션조고 꼬도 의외 이ᄆᆞᆫ외 우병을
큰비를 쎄우디 아녀 시니나 ᄃᆞ녀욱
이리ᄒᆞ미 ᄡᆞᆺ당치 아니라 ᄒᆞᆺ지ᄂᆞᆫ

든갓든 거산 비록 가히 맛지 못하나 또
한 맛당이 그셩줄 나려올 길록 ㅡ
홀노 담이 이여라 훈러나 옷홀 눈히
시심 슬물 알저 그 슬음이 업슬지령
나 졍승(하단)을 든다 이시면 가히 이를 탁
할 거시로디 이상이 임의 죽어시니
박화슉이 미세 본나 민소시고의
야 어이 범연 호의 보마는 다 마다 심

ᄉᆞᆯ ᄆᆞ치 기리 아니 못할가 저허 ᄒᆞᄂᆞ라
일ᄌᆞᆨ 부녀 졸용홍공이 그 션세 셰지
의다 손조지ᄋᆞ니 만이 ᄋᆞᆯ닥은 ᄉᆞᆯ미닥
ᄒᆞ리 겁ᄉᆞ면 ᄂᆞᆫ희 ᄃᆞᆯ이 ᄂᆞᆫ 조ᄒᆞᆷ
가ᄒᆞ니라 또 너희 져ᄇᆞᆫ 등의와 보아
ᄒᆞᆨ ᄯᅳ디 마 ᄉᆞ니 이시면 탁ᄒᆞ미 또한
가ᄒᆞ니 너 녀젹 니경ᄒᆞ 그ᄅᆞ니 ᄉᆞᆷ가 ᄒᆞ여
다. 청ᄒᆞ고 ᄯᅩᄒᆞᆯ 맛당이 시ᄋᆞ ᄉᆞᆯ ᄀᆞᆫ ᄀᆞᆯᄒᆡ

동궁을 니시니 ᄯᅩ 흔흔ᄒᆞ여 곰아ᄋᆞᆫᄃᆞ
ᄂᆞ지이미가 ᄒᆞᄂᆞ라 ᄯᅩᄉᆞᄌᆞ오ᄃᆡ 우옹
이만이 일다 ᄒᆡᆼ이 화 울변ᄒᆞ면 ᄆᆞᆺ당
이 ᄒᆞᆫᄂᆞᆫ ᄌᆞ를 벌소이라 ᄃᆡ답왈 굴ᄒᆡ
ᄒᆞᆫ다 다만 우옹이 ᄌᆞ롬 기상이 이어이
엄굴지 아니 시리오마 ᄂᆞᆫ ᄯᅳᆫ리 기우리
신 그ᄃᆡ 나ᄅᆞ쇠 ᄂᆞᆫ 후 일 못기ᄅᆞᆯ 라
동히 ᄒᆞᆫ 물 변지 ᄉᆞᆺ ᄒᆞ시니 이 ᄯᅩ ᄒᆞᆯ 아지

아니치 못할 거시니라 또 뭇ᄌᆞ오ᄃᆡ 순
집산정 ᄇᆞᆫ기를 ᄆᆞᆺ당이 뉘 손의 ᄐᆞᆨ
ᄒᆞ리잇고 답왈 니거ᄅᆡ 이심의 범용
ᄒᆞ고 또 줄너 기ᄅᆞᆯ 심히 젹게 ᄒᆞ엿
ᄂᆞᆫ지라 평ᄉᆡᆼ지 은거시 실고본인쟈
한거시 녀셔시ᄉᆞ 듸ᄂᆞᆫ심히 족지아
니ᄒᆞ니 어이 족히 긔록ᄒᆞ여 두ᄅᆞ
업ᄉᆞ ᄒᆞ리오 그러ᄂᆞ 너희 들이 ᄎᆞᆷ

아엽시 되어니려 ᄒᆞ며 조롱ᄒᆞ여
집의 강조려 ᄒᆞᆫ번 령미의 ᄂᆞᆫ ᄒᆞᆫ
야 산졍ᄒᆞ미 가ᄒᆞ니라 남ᄐᆡ 운경
호국을 맛당이 얻ᄂᆞ셔 로략ᄒᆞᆯ 듯ᄒᆞ더
당ᄒᆞᆫ러히 ᄒᆞᆫ건더 그저 ᄎᆔ반ᄃᆞ시 ᄂᆞᆨ
당치 ᄉᆞᆺᄒᆞᆯ 저시니 너희 둘이 산졍
한후 조후 ᄒᆞ면 그 군의 지니 미가 ᄒᆞ니
라 ᄯᅩ 니ᄅᆞ시되 대적을 지ᄋᆞᆷ이 ᄀᆞᆺ기

맛당ᄒᆞ고 만ᄒᆞ미 맛당치 아녀 ᄒᆞ나
셜조리 일ᄌᆞ 나ᄅᆞ시ᄃᆡ 셕귀 집이
가장 평히 ᄒᆞ시니 ᄃᆡ강 탁당이 셜
버히 ᄲᅩᆨ슷 ᄎᆞ오ᄃᆡ 즁조고 시ᄉᆞᆫ 미 분집
등의 울너 지옷 ᄒᆞᆫ 거ᄉᆞᆯ 일ᄌᆞ 집ᄀᆡ
ᄒᆞ엿더니 장ᄃᆡ 어이 ᄒᆞ리 잇ᄀᆞ 셔ᄃᆞ
왈 이 얼은 ᄃᆡ 강별 노 ᄒᆞᆫ 편 울ᄇᆡᆼ고
라 ᄡᅥ 집의 갑ᄎᆞ아 두고져 ᄒᆞ더니

미쳐 일우지 못ᄒᆞ엿ᄉᆞ오니 그러나 ᄉᆞᆫ
조샹거의 다 슈습ᄒᆞ여시니 니 회라
도가ᄒᆡ ᄒᆞ리라 ᄉᆞᆫ지접은 ᄀᆞᆺ조고의 손조
샹졍ᄒᆞ신 ᄇᆡ 보고 가은ᄃᆡ 간두 우미후
렴의 셜녀 ᄌᆞ은 지셔라 당시외 존ᄒᆞᆫ
기의 일허 ᄆᆞᆺ당이 둘거시 ᄯᅩᄒᆞᆫ
히 드지 못ᄒᆞ여시니 이ᄂᆞᆫ ᄆᆞᆺ당이 슈습
한 바와 다 못ᄉᆞᆫ 지접의 발셔 올ᄂᆞᆯ거ᄂᆞ

로롱동ᄒᆞ여 ᄎᆞ졍ᄒᆞᆫ 아 지셩듯의 편
입ᄒᆞ미 가ᄒᆞ여라 그ᄂᆞᆯ은 ᄭᅴ 귀봉ᄂᆞᆫ
ᄒᆞ신ᄯᅢ 장ᄭᅴ 갓한 거ᄉᆞ도 그린 ᄆᆞᆨ을
도젼ᄒᆞᆫ 그일브치 변통ᄒᆞᆯ ᄇᆡ ᄯᅩᄒᆞᆫ 상
고할 거시 만ᄒᆞᆫᄯᅢ 남ᄉᆞ록가 은ᄯᅢ보
큰지은 엿ᄂᆞᆫ 골과 슈유ᄋᆞᆫ 츤ᄒᆞᆼ의 그
룩 그젹ᄒᆞ셔 ᄯᅥ라 ᄯᅩ 너른 시ᄯᅢ 지ᄇᆞᆫ 중
시ᄋᆞᆫ이 젼ᄒᆞᆫ 츤세 젼도ᄒᆞ미 만ᄒᆞᆫ

나 머리 보더니 정코 져 ᄒᆞ여 주가 본다만
별장 년뫼ᄋᆞᆯ 가ᄒᆡ 상고ᄒᆞᆯ 것들은 ᄂᆞᆫ
못 발셔 ᄎᆞᄌᆞ ᄒᆞ여 긔록ᄒᆞ여스고 기여ᄉᆞᆸ
처ᄒᆞ지 ᄋᆞᆺᄒᆞ엿시나 주러나 만일 참고
ᄒᆞᆫ번 ᄯᅩ ᄒᆞᆫ ᄀᆞᄒᆡ ᄎᆞ례로 정돈ᄒᆞ로 ᄃᆞᆯ
져 붓도셔 나ᄅᆞᆯ 너 갈오ᄉᆞᄃᆡ 네 누의 ᄯᅳᆺ
ᄎᆞᄌᆞ와 내 아ᄋᆡ의 ᄃᆡ슨 올나 손조 ᄒᆞ고져
ᄒᆞᆫ번 지 오ᄒᆡ 다다 ᄉᆞ 호여 졀을 되옷

할뿐아니라 미망구ᄉᆞ로 져ᄒᆞ면오니
조상ᄒᆞ여 ᄎᆞᆷ은 굴믈이 우지 못ᄒᆞ
더니 이져ᄉᆞ고만ᄒᆞ게 ᄒᆞ엿ᄉᆞ니 네가
의 조셕은 발셔 조치 ᄒᆞ야시나 달른
날노 거랑을 더 보쳐 셜움의 즁ᄒᆞ야 ᄭᆡ
우대 손ᄎᆞ를 다른대 구ᄒᆞ거나 네 ᄒᆞ거
나 ᄒᆞ고 네 양인 비손을 혼ᄒᆞᆫ 네 ᄒᆞ미가 ᄒᆞᆫ
니라 뫼시셔 분이 못ᄒᆞᆫ 보ᄃᆡ 더여 셔가

졍의 미실젹 반다시 슉상을 쳐졍
예 ᄒᆞ고라 ᄒᆞ시ᄂᆞᆫ 말ᄉᆞᆷ이 이ᄉᆞ올거
시니 뵈컨대 ᄌᆞ셩이 ᄆᆞᄎᆞ와 다이라 ᄒᆞᆸ
발다 어려셔 ᄀᆞᆨ인 ᄒᆞᆫ 실이 업ᄉᆞ니 엇
지 칭베 기다 ᄒᆞᄂᆞᆫ 말이 이시리 오닛가 하
오 셰에 셜빈을 어희 옵고 뫼 ᄌᆞᄌᆞ를 ㅡ
달와 외쥐 가며 ᄉᆞ여ᄉᆞ와 ᄌᆞᆼ오 이ᄉᆞ의
업ᄉᆞ시리 의탁 ᄒᆞᆯ 빈 업산다 라 셜

과드려 경남을 드려가 ᄎᆡ옴을
왕골ᄅᆞᆯ 만동셔 어더 ᄇᆡᆨ오니 시년이
십이 세러니 라할ᄂᆞᆫ 서 벌 니러 왓고
ᄭᅴ드려가 ᄇᆡᆨ오니 ᄇᆡᆫ 아ᄒᆞᆯ과리 ᄇᆡᆫ사
고국ᄇᆞᆯ이ᄯᅡ 희ᄃᆞᆯ은 거ᄉᆞᆯ ᄀᆞᆺ지 업
틔ᄒᆞ여 ᄆᆞᆺ들미 업게 ᄒᆞ시ᄂᆞᆫ 도리 날
다ᄒᆡ 나ᄂᆞᆫ 너 갈 오ᄉᆞᄃᆡ 미ᄉᆞᆷ이 일오ᄃᆡ
신ᄃᆡ 발부ᄂᆞᆫ 복ᄉᆞ리 현ᄃᆞ시니 오직

이한ᄉᆞᆯ도ᄯᅩᄒᆞᆯ갈쉬 열러다앗우온
미변시의ᄒᆞ도ᄒᆞ련ᄒᆞ여시니 쇼으비
ᄆᆞᆺ당이미ᄯᅳᆺ을아ᄅᆞᆷ주ᄒᆞ니라ᄒᆞ시ᄂᆞᆫ
잇다가ᄌᆞ호고공야가져ᄂᆞᆫ지어ᄃᆞ러
서나호져손복ᄉᆞ양을지으며왕과
글무그긴절ᄒᆞ야탁뎌 ᄒᆞ다가기리시ᄂᆞᆫ
일ᄎᆞ고절장복을보시ᄂᆞᆫ산ᄑᆞᆼ기회
후리ᄆᆞᄒᆞ나며유미뎨ᄉᆞ셜이라ᄒᆞᆫ가

믈비졈믄ᄒᆞ야 그ᄅᆞᄉᆞ대 이벌ᄉᆞᆨ 졀ᄉᆞᆷᄃᆞ
의시나고 젼장의 ᄊᆞᆷ 국히 긴략ᄒᆞ
야 유미타 ᄒᆞ시며 ᄌᆞ졍죵고져 이ᄂᆞᆫ 죡
ᄡᅳ든 안희 ᄌᆞ뎌 무ᄅᆞᆷ이 뷔노 은물 ᄡᅳᄉᆞ온대
왕ᄀᆞ 닙ᄇᆡ 완결 제 인다 투이 ᄒᆞ디 조아
나ᄅᆞ더 ᄋᆞᄉᆞ의 ᄎᆞᆯ 은페 ᄃᆞ라 보기 ᄅᆞᆯ 소ᄒᆡ
ᄒᆞ여 그 장뎌 웅ᄒᆞ여 졀ᄃᆞ라 저 ᄒᆞ시ᄂᆞᆫ
반다시 ᄉᆞᆷ이 메셔 ᄋᆞᆫ져 ᄒᆞ리라 ᄒᆞ시더라

동궁 별이 출신ᄒᆞ신조의 나려ᄭᅴ
기를 ᄉᆞᄉᆞ온ᄃᆡ 정언ᄯᅢ의 상소ᄒᆞ여
관람ᄒᆞᆸ을 구ᄒᆞ다가 보지 ᄒᆞᆫᄒᆞ의 ᄉᆡᆼ호
졍위 ᄭᅳᆫ 뒤 ᄒᆞ간이 일고 써 장관 홍공명
하로 더 부러 불합ᄒᆞ여 인한 국졀 그
ᄀᆞᆫᄒᆞ며 나 ᄀᆞ시되 이 ᄌᆞ 브터 다시 다가
의 드지 못ᄒᆞ고 제ᄉᆞ의 서장을 보ᄂᆞᆫᄒᆞ
야 ᄒᆞᄂᆞᆫ 보지 못ᄒᆞ며 셔 홍국 의 변이 여ᄂᆞ

여러번의 간ᄒᆞ야 낙졈을 밧ᄌᆞᆸ도록
ᄒᆞ엿더니 오란ᄌᆞ손의 비로소 고리을 ᄒᆞ여
한번 연셕의 입시ᄒᆞ엿더니 이러ᄒᆞᆫ
붓그러 ᄉᆞᄅᆞᆺ국의 ᄒᆞ미 이시ᄆᆡ 므르다
낙졈을 ᄉᆞᆯ오니 거쳔ᄒᆞᆫ 졍승이 일
ᄌᆞ회를 ᄒᆞ며 나ᄅᆞᄃᆡ 비녀시신 ᄀᆞᆷ미 이러ᄒᆞ여
여러번 ᄃᆡ시의 의망ᄒᆞᄃᆡ 존셩ᄉᆞ셤
울솟ᄒᆞ더니 ᄯᅢ의 ᄉᆞ공이 ᄀᆞᆯᄋᆞᆫ디고

되 일ᄉᆞ연 동의 이셔시 ᄒᆞ엿더ᄂᆞᆫ
신공이 ᄀᆞᆯ오ᄃᆡ 아모ᄃᆡ의 일ᄉᆞ 한번
이셔시 ᄒᆞ엿ᄉᆞ 놉 쓰ᄉᆡᆼ이 뫌 ᄀᆞᆺ디 ᄒᆞ도다
ᄒᆞ여 그ᄅᆞ디 ᄃᆡ장상이 그믈을 ᄒᆞ고 등
물 뒤지히 보신 ᄀᆞᆯ제 변 앗기미 이러타
ᄒᆞ미라 ᄉᆞ니 뭇ᄉᆞ이 던 ᄒᆞ야 은 져므믈 넘
우미 셩각 건ᄃᆡ 햐ᄋᆞ 일의 이셔시 한
연고라 ᄒᆞ더라 ᄯᅩ 헌 뭇고 변 ᄒᆞ시던 ᄯᆡ

일을 ᄭᅮᆺ드온ᄃᆡ 답왈 이ᄯᆡ의 나강
상의 이러니 당판셔 당션 형님이 현
지를 날녀 고금ᄒᆞ엿거ᄂᆞᆯ 나 죽시 셩
밧긔 나아가나 정뵈이 상회 막동
ᄒᆞ시기로 제표ᄒᆞ야 알외지 못ᄒᆞ엿
더니 이윽고 상회ᄒᆞ여 동ᄒᆞ시믈 듯ᄌᆞ온
디여 대궐 두러 ᄉᆞᆨ비ᄒᆞ니 아이오도
명을 어니도록 려 두려 간ᄌᆞ허 ᄌᆞᆨ이

ᄯᅩᄒᆞᆫ 한가지로 ᄃᆞ려ᄉᆞ더라 나나아가ᄋᆸ더
니 상이 쳐음은 능히 알라 보시지 못ᄒᆞ
시더니 허젹이 좌상의 ᄃᆞ려와 뎡셰
난 연ᄒᆞᆯ ᄃᆞᆯ 제 달ᄒᆞ옵더니 이ᄯᅴ 상이
거의 말ᄉᆞᆷ을 못ᄒᆞ시게 되여 겨시더니
왈 학 죽시 작긔 ᄒᆞ야 숙뎐 ᄒᆞ오셔 안
심ᄒᆡᆼ 공ᄒᆞ라 ᄒᆞ옵시니 옥음이 심히
분명ᄒᆞ야 졍녕한 ᄃᆞ시 ᄭᅴ시더라

무복ᄒᆞ실 옷살 곳치실 손톱을
벼히시라 말ᄉᆞᆷ이 계시ᄉᆞ 졍이 ᄒᆞᆫ칼근
더운 물 엿ᄌᆞ오니 남ᄋᆞᆫ 졔물이 ᄃᆞᆼ치
ᄒᆞ온 실그릇시 ᄡᅦ떠 ᄉᆞᆸ이나 ᄇᆞᆯ다간
나중 물조ᄎᆞ ᄒᆞ온 옷 벗나의 다ᄃᆞ라ᄂᆞᆫ
고려의 법 ᄉᆞᆯ븐 ᄇᆞ이라 다 본ᄃᆡ ᄇᆞᆺ기
ᄅᆞᆯ ᄃᆞ화 아니ᄒᆞ오니 버ᄅᆞᆺ 능히 젼ᄑᆡᄅᆞᆯ
옷ᄒᆞ오ᄂᆞᆫ 만 ᄒᆞᆫ 고ᄅᆞᆫ 술 그디ᄅᆞ로 ᄒᆞᆸ히고

오고믈말미가 ᄒᆞ니라 ᄒᆞᆫᄌᆞᆨ 일시 벽

의 칠언절구 ᄒᆞᆫ 슈를 구경ᄒᆞ야 졔

결을 뵈야 그른 ᄉᆞ디 이별ᄅᆞ 가히 화ᄒᆞᆯ

말이 업ᄉᆞ니 오ᄂᆞᆯ날이 셔산 ᄯᅩ한 옹은

이희 뎐라 ᄒᆞ미 ᄡᆞᆺ당치 아니ᄒᆞ니라 ᄯᅩᆫ

오언절구 ᄒᆞᆫ 슈를 ᄡᅳ시니 손아의 ᄭᅥᆯ는

뎡ᄒᆞᆫ 츄ᄒᆞᆫ 미를 ᄒᆞ야 졍숀가 지ᄭᅥᆫ 그ᄉᆞ여

힘서 경계ᄒᆞ신 ᄯᅳᆺ이시러라

한문 원본

臨命日記

男 昌翕

四月初五日。夕食後。急足來傳罔極之報。家人上下叫呼頓擗。遂入坐寢室從容謂諸子曰。余人事極矣。今日之事無足恠者。但念自幼有志於此學。而志氣不強。因循擔閣。然其一念耿耿未甞不在於此矣。自量資質於持敬一事尙或可勉。而見解非所長。庶幾晩暮加勉以蘄少進。而今無及矣。此殊可恨也。又曰。余雖早出仕路。宦情不甚重。又性好山水。而覊縶名韁。未遂退閒之願。冥升不已。遂至此爾。

余本無才無德。而名位過濫。文辭豈踰於人。而疊魁科第。久典文衡。盈滿此極。固疑有今日之禍矣。余識量才智素所短乏。而久叨匪據。力小任重。自知罪過非止一二。而若其眷眷愛君之忱。則自謂可質神明。平生亦未甞有傷人害物之心。前後受命治獄。明察有所未逮則或有之矣。若乃用情出入專以羅織戕殺爲快。實所不忍爲也。

禍事至此。前頭時勢亦可知矣。歸葬故山不可倉卒爲之。今且寓葬於靈巖鳩林等地。從容觀勢去就爲宜。早晩歸葬。必須附近於汝季之墓。庶令魂魄相依也。

余於所願常欲葬於先壠近處。留心經營亦已久矣。雖有數三埋標處。以凡眼見之。亦似無可用處。栗北新山所占二穴。皆未必合用。若前頭不得已而有新卜之事。倘或得之於先山不遠處則固幸矣。若終不可得而卜於遠地。則汝弟之墓不可獨寄。亦必移就於新卜之山可也。昌業曰。新卜之山或在先壠不甚遠處。亡弟之墓亦須移動否。曰。若是數里間則何必移動。至數十里外則守護似難。終有孤單之慮。不可不移葬矣。昌業曰。下敎如此。固當遵依。而但念之。弟所葬之地安穩無他。殊似不易得。且去先壠不遠。又有爲後者。將不必永爲孤單之地。而新山之有餘穴。亦未可必。然則遷移之擧似不可容易爲之。未知如何。曰。余與汝弟之葬不欲相遠。是至情也。新山餘穴若不大段低劣於前。則移就一山可也。昌業曰。新卜之山若在稍遠之地。則亡弟之墓固當移就。而但餘穴難得無害處。若爲渠後者。別得吉地於新山十數里之間。則雖非一局之內。用之無妨否。曰。古人曰魂氣則無不之也。果得吉地。則十數里何可謂遠乎。此等形勢不可預定。亦豈無隨便爲之者乎。然須以相近爲主。可也。

前頭求山。新山若得無害之地於先山近處。固幸矣。此似未易。雖得之於數十百里之間。地果吉而穴有餘。可容數代之葬。則亦可卜矣。昌業曰。假使百里外如有愜意處。則用之否。曰。過百里則亦太遠。捨近而就遠。除是分明倍勝。乃可耳。求山只須得平穩無害處爲可。不可以必得大地爲意也。

昌集、昌協泣請曰。他日將母北歸。固當以木洞爲歸。而如永平亦是從前眷愛之地。亦可歸否。答曰。永平余素所留意。每欲一歸。而竟莫之遂矣。其地荒僻生理頗艱。雖未能卒然擧家以往。汝兄弟中有

能早晚往棲。使不爲棄物則幸矣。

必英母女雖微余之囑託。汝輩必能善恤矣。春祥雖幼必能成立。玉洞第舍以余意傳與。可也。(必英亡弟女。春祥厚謙小字。)

鯉祥有異他兒。作人亦好。每欲挈歸木洞。自授之學。期於成就。竟未如意。可歎。(鯉祥濟謙小字)

汝輩至痛在身。夫豈有復出世路之意哉。然而孫兒輩則不可不勤加訓誨。俾爲成人。古人不云乎。毋絕讀書種子。當念此意。努力善誨。使不失忠孝文獻之傳。可也。汝輩情理固爲罔極。然上有病母。不可徑情直行。以抵滅性。況業、緋病羸特甚。居常凜凜。余尤不能弭念。切須深體此意。期於保全。緋

對曰。當體下敎。雖食肉亦且爲之矣。曰。汝苟如此。無憂矣。

昌直馳來入見。則曰。汝來幸不遲。不易作此面訣。況來此絕海。遭此變故。而凡事無分付處。頗以爲撓。汝能及來。誠可幸矣。伯氏稟賦素厚。必享遐壽。而不幸向來荐遭膝下之戚。今又以余之故。衰暮之境添却無限傷痛。是爲恨恨耳。仍令明燈作告訣書二封。使傳于伯氏、仲氏。

出就外小房。安始泰入見痛哭曰。天下寧有是耶。誠知有此。小生安忍千里遠來。見此景色乎。答曰。今日事。自知久矣。何足怪也。但來此絕海。四無親知。諸兒皆病弱。無人護視。送終一節尤難成樣。幸蒙君遠臨。凡百有託。甚可喜也。

謂昌直曰。祖考言行錄伯氏及仲氏皆已爲之。余以多事之故。因循未就。以至今日矣。仍取小簏。自披出一紙曰。此乃頃年伯氏所錄。而余於其中略有所添刪者也。遂取筆點其所添各條以識之。

又謂昌直曰。纔以先考妣墳墓事與昌業有問答矣。今復言于汝耳。先妣墳墓地勢太低。以凡眼見之似非眞穴。而只先山內族葬而用。後數十年亦無大段災祟。及至戊申合葬之時。雖不開舊壙。而新壙乾淨無他。故因謂無他慮矣。其後地師之來見者雖多疵毁。以吾家不喜風水之說。且事係重大。故皆不敢明言。而癸丑以後。一家意外慘喪連出。至於吾今日之禍何敢歸咎於先山之不吉。而以地家之言。則祖先體魄安寧。而子孫受禍者無之。理或然。則子孫禍福姑不論。亦豈非霍然處。吾家素不喜風水。且今世遷葬紛紜。成一弊俗。此吾之所嘗痛惡也。然以先世事言之。苟有不得已者則亦未嘗不移動矣。如三嘉曾祖考初葬於某處矣。地師多毁之者。余以凡眼亦似不好。故移奉於今穴。地師初言。新穴當生三貴子。用後數年。果吾兄弟生焉。今此先兆果如毁之者之言。有大段穴害。則其在安體魄之道。不容無變通。汝須從容禀告于伯氏。以爲商量善處之道。可也。

定諸孫名字。手自列書其次第。

余自在少時。談命者皆言壽不過五十。而不意得至回甲。尋常自怪也。今果如此。及曉。搜出曲頭子命書。拈示雙鸞分飛海西頭之句曰。此果中矣。

昌協曰。大人自 今上冲幼時。受輔養之任。恩意特殊。又受 先王顧命。庚申以後。眷倚益隆。而至於痘患時。侍藥勤勞尤非尋常可比矣。今者。曾不得以此蒙 上顧念。豈不寃痛哉。答曰。吾立朝事君雖無可稱。至於憂愛之誠自謂不後於人。而今以忘君負國爲罪。則亦可爲慨然耳。然使吾之忠信眞能

感格 君上。則豈至此。此亦吾之自反處也。至於痘患時事。其時焦憂勞瘁之狀。外人亦何能盡知乎。初證候之危重既不尋常。及其回頭之後。亦經許多憂危。當時恐中外驚動不曾宣露。故外人則未能知矣。至於收靨後一夜忽熱候大作。蒼黃罔措。多用猪尾膏等藥。僅得無事。蓋自侍藥以後。未嘗一日解衣就寢。其間種種焦煎何可形言。及 聖候甫安未及完復。而又遭 慈聖昇遐之變。益復憂危罔措。成服未過、庭請未發之前。 玉候決難支持。而無他變通之道。不得已以乳酪勸進之意口傳啓達于 大王大妃殿曰。此與肉食有異。士大夫守禮之家亦有從權而不廢乳酪者矣。蓋曾聞同春家有此言故引而懇請。遂得蒙允。實爲大幸。而聞朴和叔以此事爲欺誤 君上。人之所見固各不同。而亦不量其時危迫情勢而然也。凡此所言非爲自叙己勞。欲令爾輩知其實狀耳。

昌協請曰。墓道文字當託於何人耶。答曰。先祖考墓道既以遺命不立豐碑。我則尤不當爲此。如表誌文字雖不可已。亦當略記其生卒履歷而已。然今日能知吾心事者亦無其人。如砥平李相 端夏 在則可以託此。而李相既亡。朴和叔世分及交誼亦豈泛然。而但恐於吾之心未必深知矣。曾見拙翁洪公於其先世碑誌皆自作。若無他人可託。則汝輩亦可自爲也。且看汝儕輩中或有合意者則託之亦可。如李畬人與文俱精。亦當通知心事。或令作文字可矣。

昌協問。尤翁若幸免禍。則當乞一文字矣。答曰。然矣。但尤翁稟質氣象豈不嚴峻。而至於意所傾向處。則不免稱道過重。此亦不可不知也。

又問。文集刪定當託誰手耶。答曰。吾才既凡庸。且讀書甚少。平生述作實無可觀。於已意亦甚不滿。何足存錄耶。然汝輩不忍泯棄。欲抄錄家藏。則兄弟相議刪定可也。南台雲卿似當以此相託。而但恐其去就未必得當。汝輩刪定後。一番經其眼可也。又曰。文集宜少不宜多。先祖考嘗言石洲集最精。蓋澤堂所抄選也。

又問。曾祖考詩文不載於集中。曾頗輯錄矣。將何以爲之耶。答曰。此事蓋欲別爲一篇。以藏於家而姑未就矣。然文字則幾盡收合。汝輩亦可爲之矣。文集乃祖考所自刪定。而其中篇牘。則係是後來抄入者。當時失於草本。宜入者亦多不入。此則宜以後來所收拾。與文集所已載者通同抄定。編入集中可也。其他如濟州奉使時狀啓。其所條陳民瘼變通事宜亦多可考。而南槎錄中亦可見載。故欲并錄於拾遺文字中矣。又曰。集詩文先後次序多顚倒。吾欲從頭釐正。其中如挽別章歲月可考者。頗已標識。而其餘則未及爲之。然若詳細叅考則亦可以次整頓也。

謂昌協曰。汝妹墓表及汝弟誌文。吾欲自爲之久矣。而不但多事未遑。每欲搆思則五內摧傷不忍成文。今則已矣。汝妹表石既已措置。他日與李郎相議立之。而文字則或他求、或汝爲之。汝弟誌文。亦汝爲之可也。

昌翕問。幼少在家庭時。必有自手上稱譽期待之言。願詳聞之。答曰。余幼無過人之實。豈有稱譽期待之言乎。余五歲喪先妣。從外祖母往留原州。外祖母既喪。無所依託。先考遂挈往嶺南。始得拜見王

考。方梳頭。落髮之委地者一一斂聚。無使遺落。顧謂曰。古人云身體髮膚受之父母。惟此一毛髮亦
不敢遺棄。便是孝之道也。小兒輩宜知此意云。時或製進古風若干句、或作小賦體樣。王考輒稱其
緊切着題。嘗覽古戰場賦。批點其山風兮吹林。若有人兮颯颯一句曰。此雖前人詩。用之於古戰場者
極襯着有味矣。都正從祖考嘗問諸兒才品誰高。王考答曰。諸兒皆非特異之才。而某也之文則妙於
顧題。最爲適用。前頭闈科必先於人云。

昌協請問出身初履歷之概。告以正言時上疏論救完南忤旨後。又以劾吳挺緯事。與長官洪公命夏不
合引避曲折曰。自此之後不得復入臺閣。癸巳以書狀赴燕。未還而被選弘錄。果擬不受點。久後始
拜校理。一般入侍筵席。自是以後凡有注擬輒皆蒙點。沂川洪相嘗戲謂曰。昔。中公斂一履擬臺侍。
絕不得受點。時。有某公問曰。君嘗入侍筵中耶。中公曰。某時嘗一入侍矣。某公曰。然也。其意蓋謂
上自見其不能之狀。故靳除拜如此也。君於近日連被恩點。亦向日入侍之故也。

昌協又問　顯廟顧命時事。答曰。是時余在江上。張判書善瀓兄馳書告急。余即進詣城外。而政院以
上候方重不得啓知。既又聞　上候益欲。遂入闕肅拜。俄承召命趍入。則許積亦同入矣。余進伏几
前。　上初不能省視。許積以左相入來而情勢難安之意啓達。時。　上幾於不能言矣。輒即作氣出
聲曰。安心行公。　玉音甚分明。有丁寧之意矣。

昌集問祭祀豐儉之節。答曰。祭物豐侈實是今世弊習。須從簡略爲之。而至於油蜜果不但古禮所無。

吾所不喜喫。雖不能全廢。只用一器。亦勿高排可也。

沐浴。更衣。剪爪。

初六日。曉口占七言絶一首示諸子曰。此雖無可諱語。在今日亦不宜容易傳播也。又書五言絶一首。以定孫兒名字爲題。而勉戒以持謙之義。

作書與諸婦訣。勉以善護男孫。又作訣書二紙。一與婿李涉。一與甥姪李世白、李濡。并屬洪、李、宋諸甥使之同照。

先祖考平生不喜交遊論議。立朝雖言議嚴峻無所顧避。而平居則靜嘿自守。每以中家年少喜交遊論議爲病曰。象邨則不然。而後人如此。甚可嘆云。汝輩固無此事。然在末世尤所當戒也。

祖考自瀋陽還歸時。余往迎坡州。時方十七歲。祖考甚喜其頎碩。令促坐膝前。于是賓客甚稠。坐地漸窄。起將退出。則祖考留之不許出。握手移時。喜悅之色可掬。到今追思。則亦可謂期待之意也。此則答翁夜間所問也。

昌翁曰。白雲泉石大人素所愛好。而竟違歸老之計。楮島江山亦自前留意者。故子之作亭占取。實承此意也。方其經營拮据之際。費了許多分付亦勤矣。曾不得一日奉遊。而萬事至此。今後更焉用彼亭哉。將毁之矣。答曰。便是吾淸福素薄。洞陰一區。寤寐十年不得遂願。楮島之勝亦所未忘者也。汝既作亭占彼。謂可以一日歸臥。而終竟差池。向自完山復命時。準擬取道經由。觀其勝槩如何。此

亦未遂。便是吾淸福素薄。數也奈何。然其亭舍何可毁也。姑留無妨。如有他虞則量處爲宜。

羅州林喬、廉泰維來訣。前呼廉君。囑以護喪恤孤之意。島中士人金聲徵、朴彦一來訣。謂之曰。來此之後。多荷諸君厚誼周旋。感刻于中心矣。今將永別矣。好留好留。

羅平康佐良哭入見曰。兄主則固有定力。將奈吾病姊何。答曰。一身之事已斷置矣。但來此絶海。遭此變故。室人及諸兒皆病人。勢將俱盡。惟此不得不關念。君能入來。送死恤孤庶有所託。是可幸也。歷問幾日發行及道間跋涉之狀曰。倍道驅馳得無疾病乎。卽呼侍者促進酒飯。又執手笑謂曰。前書無便未嘗答。意欲相對一笑說破矣。既往之事本不足置懷。況到此地頭。豈復有一毫芥滯於心曲乎。蓋羅公曾有書說及丁卯疏事。有引咎之語故也。

羅平康曰。金吾郞今夕當到。到此地頭。凡事何可諱也。今日罪名既重。時勢亦極危悖。似當以牛溪先生遺命治喪。且在此海外。善板既未易得。行喪亦甚艱。姑以薄板治棺。到故山改棺亦似得宜。至於圖得官軍亦似非便。欲以紙舁、竹杠。駕馬以行。未知如何、答曰。君言善矣。吾意正如此也。又曰。先祖於喪祭之儀每欲一遵古禮。而以先世所行猝然變改爲重。因仍至今矣。吾死後喪祭凡事。欲令一遵古禮。君宜知此意。除事勢難行者外。一從喪禮備要治喪可也。又曰。曾見外舅之喪。小斂時喪人以白袍臨視。吾常謂得禮意。今亦依此行之爲可。

羅平康問。銘旌當何以書之耶。答曰。行喪時以安東金公書之。葬時以別號書之爲可。已言于昌集輩

矣。又問。前頭一家依泊之所亦何以指教耶。答曰。靈岩之鳩林卽吾并州故鄕也。今姑權厝于彼。家屬仍爲寓居意。昨已言于兒輩矣。羅平康曰。斯亦好矣。但弟意則前頭人事及世變不可預料。彼輩禍心必欲並及於諸甥。若諸甥有奔避之事。則姊氏一身將無所依。客土寄葬又難守護。若又遷延歲月未及返葬。而有兵連禍結之事。則尤有不可說者。不如及今返葬於舊山。且姊氏素有宿病。遐方醫藥既難。余又上奉老親。身亦有病。若相去隔遠則勢難頻頻往省。聞業甥農庄在洪川。洪與驪江、龜浦不遠。姊氏及諸甥若於葬後入寓洪峽。則余亦奉老往寓龜浦。與之相依。事甚便好矣。答曰。余未之深思矣。君言是也。仍問昌業洪庄形勢之如何。

入坐寢室。謂諸子曰。尹鑴仲寃。張希載爲內乘。吾安得不死。昔。趙靜庵聞南袞爲相曰。吾死宜矣。今日事亦然矣。又曰。一身今日之禍將誰怨尤。而使時事至於此極者。皆少輩之論致之也。

自取小書簏。出一赫蹄所記曰。此吾戊子年中侍先祖考所聞說話也。當時意欲隨聞輒錄。嘗一日夜侍坐下敎。退而記此。只存其大旨。俟更修潤而未果矣。仍命昌協執筆。口呼修潤寫于別紙。

祖考見家人輩退說己事之誤曰。如此當不誤云爾。則輒訶之曰。何爲作此無益語。

初七日。昌協復以墓文爲言。敎曰。若無他人可託。則如金判書萬重亦可矣。

謂昌協曰。汝之弟詩稿及諸公所爲序引既已寫作一册矣。如祭文、挽辭、墓文之類亦宜附錄其下。藏置于家可也。

諸子以筆蹟爲請。卽書數十紙與之。羅平康捧兩紙以請。爲書七絶一首曰。此卽先祖在潻館時寄丈祖及丈祖宰江東時別詩也。

爲諸孫書四勿、九容、九思。

書八卦亭題咏五言律一篇示諸子曰。頃於完山往返。過礪山竹林書院。儒生以此詩爲請。原韻卽南判書雲卿所唱也。道中構思未及卒篇。今始足成落句矣。早晩須傳致院儒處可也。又書石潭一曲詩。次朱夫子武夷棹歌韻使傳于尤齋。盖尤齋所嘗見屬也。昌業嘗於完山祇役拜送之時。以其岔梅五言律請和。至是提起則曰。余倥傯未遑矣。卽口占書之。

昌協問。平日執友中契分之深誰爲最者 答曰。固無踰於汝之岳丈。而[illegible]監司萬雄亦所愛重至今未忘者。盖其資禀純粹明白。表裏無間。而立朝當事論議峻整。有諫[illegible]風采。盖和中有剛矣。問洪監司葳如何。曰。此令亦不易得。而尙不如李監司。其爲人剛緊有[illegible]采。而時有固滯處。且不能無表裏矣。[illegible]進則沂川洪公、滄洲金公皆親厚許與之尤者也。

謂昌翕以下曰。汝不樂仕進斷置科名。父子之間[illegible]不欲勸勉敦迫。而深知其[illegible]志業。不可強奪。故尋常任之矣。

汝輩日後處身。須以謙遜畏謹爲務。而樞[illegible]尤不可不愼。中心有[illegible]結。則自然觸事銜口而發。其勢則易。另宜戒之也。

初八日。曉。昌協入侍。則問曰。淸風來耶。汝弟妹表誌事旣已言之矣。汝妹墓文則當初行錄中備載其平日言行者。本非欲具見於誌文。而尤翁因而不刪改文字詳悉。表文不必如此。只記其生死年月及人物大致可也。汝弟誌文則尤當詳悉記載。如冠昏年月日皆當書。冠禮時。閔判府事爲賓。此亦當書。庚申年間試館學製述。頗入高選。此亦當書矣。

作訣書于妹氏宋叅判夫人。

羅平康入言。主倅欲以酒饌作訣矣。搖首曰。不可不可。

昌協問。曾祖考言行事蹟固詳載於表、誌、年譜等文字矣。然其資稟氣像猶未有明白形容處。願得聞之。答曰。祖考資稟淸明簡重。氣像從容安和。其接待賓友酬酢甚簡。絶不爲支辭繁語。至於意所傾嚮則亦得纚纚語。和氣藹然。已又嗒然相對。平生言論嚴正。人不可干。以至不悅者或目以峻刻。然居家接物慈詳仁厚。未嘗有忿厲之容、刻急之政。至子弟有過。必正色誚責。如此之時聲氣亦頗峻厲。吾兄弟與姉妹群處。或稍縱諧笑。則必呼來責之曰。男女之間。雖同氣切不宜如是也。見後生闕略不周謹者。則心甚病之。其日用處事周詳愼密無纖毫踈漏。而亦不病於細苛也。性不喜華靡。衣物服用皆簡儉。然居處亦極潔淨瀟洒。鷗浦羅公甞言。曾在圍城時往拜之。所寓僅一間小屋耳。然灑掃極淨。蕭然無一點塵云。食性亦甚淸潔。如醢酢之類絶不近口。曾祖考知其如此。故當食時。祖考在側。則或命撤去醢酢。至於他行事亦察。其於祖考意思有不可者則不爲也。祖考甞自言。資稟素

少温和之氣。記云嚴威儼恪非事親之道。每以此爲病。而不能矯革云。

祖考嘗於臨海獄後。以知製敎撰進討逆功臣會盟祭文。幾遭一大禍。其文汝輩見之否。對曰。未及見矣。曰。其時功臣崔有源見其文大怒曰。此乃指吾輩爲誣告也。欲以護逆罪之。事將不測。一時如月沙諸公爲祖考救百端而終不能得。崔平日最敬重鰲城。一日。崔往見鰲城。鰲城曰。聞公以金某祭文事將加重究。有諸。對曰。有之。鰲城不甚救解。但曰。金某以文字獲罪而死。亦何所愧。但公朝廷重臣。以文字罪人未知如何耳。崔一聞此言。意遂解。祖考以此得免矣。祖考嘗自言。前後以文字遭厄最多。此亦似關命數。其一則光海追尊所生時製進中朝辭箋。用母貴由子覩過等語。臺諫論啓削職。其一則　仁祖朝撰月汀諡狀。叙辛卯士禍語及山海奧據事。　仁祖以語犯　仁嬪。大怒下嚴旨。其一則會盟祭文事也。

啓運宮之喪。禮判忽有故。祖考以他官倉卒代攝。治事從容整暇。事皆就辦。無所闕失。一時皆服其用之周。豐陽張公善瀓兄嘗言其所聞如此云。

祖考丁丑歸安東後。居豐山舊家。即今所存是也。吾兄弟侍祖妣居在越邊某家。每朝往拜見祖考坐樓下小室。終日看書。時。亂後無他書籍。只有唐本韓文抄及記事本末隨往。祖考嘗讀韓文殆至百遍。時看記事本末。

問曾祖考酒量如何。曰。少時酒量甚大。而中年持戒絕不過飮。晩歲在安東。常獨寢一室。家人爲置酒

壺於其側。約可四五杯。每夜中必獨起彷徨於山野間。隨意所之。不計遠近。至雞鳴始還寢處。風露滿身。輒取酒自酌。然後乃睡。翌朝家人見之。則壺已空矣。集中。南阡北陌夜三更。望月追風獨自行一絕。即其時所作也。昌集曰。曾聞永安尉宴席飲酒事云云。曰。此是永安尉壽親時也。時。月沙在首席。酒酣。祖考謂月沙曰。曾於先人壽席。大監必來盡醉以去。心常感喜。我雖不能飲。今則請公盡醉。遂擧酒交酬。引滿輒釂。月沙謂祖考曰。令公酒量如彼洪大。而平日絕不飲。何也。祖考曰。吾飲酒有二病。一則酒後頭痛輒苦劇。一則醉中必發愚言觸人所諱。故不敢飲耳。既而月沙醉倒。白洲兄弟對之。既而又皆醉。於是。祖考顧呼永安尉曰。公可與我飲。遂促坐執手。微發戲言。於是。始見其有酒氣矣。從容對酌。至夜深始罷歸。歸時又歷訪鶴谷飲而去。永安尉常道其時事曰。平日望見大監於班次及道路中。嚴畏若不可近。是日得蒙執手諧謔。心常萬幸耳。

始聞合啓之報。手錄少時事蹟若年譜之例。纔及丙戌間矣。至是。不肖輩請略添補。至于登第之年。即命昌協執筆書之。至涉躐儒家書一段矣。即改正數十字。

昌翁問。平生從事于文翰用功幾何。答曰。余幼年從外祖母久留原州。十歲始受讀史略。而製作則未之學矣。及歸安東。受學於祖考。祖考命誦讀之餘。兼習製述。故逐日請題作詩。間以己意命題。日作數篇。又時倣效賦體爲之。未嘗闕課。於是。覺有日進之效矣。無何。祖考北行。不復得如前肆力。蹉過好時節。因以決科太早。出身以來。殆無一日讀書暇。平生所讀實甚蔑如。經書既未遍周。至於左、馬、

韓、柳之屬。亦不能該覽。嘗啗尙書及漢書。每欲多讀而亦不能過五十遍。他可知也。於詩、書亦然。讀唐音及韓、杜而亦罕有百讀者。用工如是而已。其他可知。至於筆翰自覺才品最長。非文才之比。而亦坐全不致力。又無所模法。故不能充其分限。韓山叔父嘗曰。汝之筆力極高。若少用工夫則必能爲名筆。惜乎未能云。問。記性如何。答曰。少時性頗聰利。讀哀江南賦六遍能誦。兒時所讀史略三冊以上。到今記得了了矣。

昌集問。曾聞朴承旨世堅之言。讀書三四行俱下。然否。答曰。然矣。昌集問。居常侍傍時。竊覸看書節度。雖尋常易解文字。必下上反復沈淹良久。此是玩繹之法否。答曰。此乃余看書之一病。從前欲改而未能者也。盖其大旨雖略解。而一字半句小有疑晦。則不能放下。必明白融解而後爲快矣。問。先輩中奬許吹噓者爲誰。答曰。余少日觀小科時。澤堂爲大提學。嘗以所作嗚呼島詩取正焉。時。曹參議適在座。澤堂使曹丈執筆批點。評題優等。頗有所奬許。後於學堂入格呼中之時。澤堂從諸生中特呼謂余曰。近觀擧子科作。大抵蒙塵。而君詩獨爲淳潔可喜。仍勉以從事古風。恢拓地步。又亟語於人曰。今番司馬必以金某爲魁。可洗科臼纖靡之習。蔡湖洲亦偏取吾詩。嘗見湖堂朔啓詩曰。此眞主文手也。意欲以文衡直傳於我。故當時儕輩每以蔡爲我知己矣。兪市南極稱吾詩。以爲出入唐家自然難及。市南初未與吾相識也。見愼獨齋致祭文。謂岳丈曰。某君嘗聞作人甚淸介。觀此文字殊豊贍。豈凶貴人氣像耶。

余曾差祭　寧陵賦一絶云。鼎水飛龍幾日還。一年春色又喬山。孤臣泪似啼鵑血。灑遍花枝點點斑。時。李參判時楳爲幾伯。余寄示求和。則李公曰。此等作本不當續和。終不和焉。

汝輩情理誠爲罔極。而人之長侍兩親。終始無故亦未易。我則五歲失恃。平生不省慈顔。是罪人也。鄭公山宅姑氏每語余曰。余姊氏性簡莊。凡生子女至于五人之多。而尋常言語間未嘗聞其吾子、吾女之呼。及至得汝則愛憐貴惜之意。常溢於聲音笑貌。一家諸人嘗竊謂是子何子。乃令是母如此云。汝輩情事更不須論。千萬以必生爲心。惟母子相依爲命、相慰以過。至可至可。又曰。今日居喪之道。未可以常例論。各宜勉加粥食。以愛氣力可也。

夜語諸子曰。汝兄弟素相友愛不待戒勅。然凡事雖有意見不合處。亦須從容商確。一以順便爲主。如大事稟議於伯氏、仲氏而爲之。可也。

我家自先世。多有客死。可怪。

初九日。安始泰請預着襲衣。則只着白色裏衣。曰。表衣則皆是色衣。雖須臾間。國恤時預着色衣未安。終不許焉。又謂羅平康曰。沂川洪相之喪。同春堂臨視。而襲衣內用團領。外用深衣。未知其可。吾則有罪累。且用深衣可也。仍教以襲斂用衣諸節甚詳。

食後坐寢室外南榮。羅平康進泣曰。金吾郎將到。自此永隔幽明矣。請酌酒爲訣。即命侍婢取酒以來。酬酢如常曰。古來如我者豈一人哉。且以靜庵、冲庵、錦湖之賢皆不免此禍。又諸賢年皆三十餘。而

我則倍三十矣。亦復何恨。且笑曰。世變無窮死路非一。後我而死者。安知不羨我今日乎。連進三杯。整衿危坐。辭氣益漲。語及長吟亭兄弟被禍時。仍曰。副學公墓表李惠仲託於我。而以其事實未備。未果而成矣。他日可令協兒爲之。

昌協進跪膝下。奉手泣曰。庚申以後。時論岐異。漸有可憂之勢。大人既當國。區區子弟之心。誠不能無隱憂。間以委曲調停之意一有所仰白。此雖爲大人一身謀。而固知其非直截道理矣。洪兄萬朝謂如閔相猶有些機關。而舅氏則無一毫機關。今日之禍皆由於此云矣。答曰。洪甥此言。誠是知我者也。吾天性素拙。雖欲爲機關權數固所不能。且自幼時。侍先祖考。見其論議行事信心直行無少計較。平日聞見習俗如此。故尤不能爲彼。蓋自少至今只此一心耳。又曰。近觀洪甥所爲。誠不偶然。汝輩待之無間可也。

昌翕奉手痛哭曰。今日是何日。而氣像之安閒無異平常。以此斷置。必能辦曾祖考樹立。而奈之何所遭如此。又此海島窮僻之地。不得令多人睹此從容氣像。痛恨之外痛恨痛恨。答曰。我豈有定力而然哉。事既至此。自覺無許多畏怖。眞是省事。且向日光南之獄。彼輩請拿之議。當時謂有無限駭辱。而幸得免焉。今日事豈如就逮之爲辱哉。且人之名節最可愛惜。世變無窮而自己事亦不能自保。今日之事。吾知其免矣。

少焉。又謂昌翕曰。自汝從我以來數月之間。北來聲息。非無可駭可怕。而汝每以寬言緩辭鎭之。無使驚

動。余時恠其太慢。而亦爲其定乎心者在也。及協、業之追來也。觀其眉睫而知其憂深矣。

見奴輩列伏階下。時。命世龍進前而戒曰。微我之戒囑。汝豈不動念乎。所謂舊奴惟汝與應京在。而應京孱劣不濟事。此後家間大小服役之事。爾其擔當効力。無或推避。一如我在之時可也。

起將出外。顧謂昌業曰。玉洞第舍既令傳與春祥矣。汝須從近往來。終始看護。

昌協曰。時事大變之後。禍機日急。固知大人之難免。而人子切迫之情尙不能無萬一之覬幸。假使大人幸免於今日。日後之禍安知無大於斯者耶。答曰。誠如爾言。我之今日之死。焉知不爲福耶。觀此時勢。前頭事變恐不但止此。必至彝倫倒易　宗社顚隮而後已。及今而死。顧不榮幸乎。(以下日字未分明)

昌業曰。養曾祖父都正公墓表陰記甞欲仰請。而因履歷未得詳考。終未之果矣。答曰。余亦久有此意。而歷歷無暇終不得爲。甚可恨也。因顧昌協而謂曰。汝亦可繼吾志而爲之也。且曰。都正大父性禀甚剛明。莅官居家。凡事一主精察無少弭放。故爲下者多嚴憚之。然所歷州縣輒有聲績矣。少時履歷吾亦不能盡記。中年以後亦或有記得者矣。因令昌業執筆。呼而書之曰。某年某縣某郡。某年陞資。凡十餘條。又曰。韓山叔主人品豪岸。不喜矯飾。行事雖有不點檢處。未甞諱秘於人。亦不能容護。一非之終久不置。或面責之。故雖一家之人不悅者多矣。少時有才名早登司馬。於筆法多致工夫。儕友中金判書佐明、徐判書必遠最相親許。徐晩聽、李時老間不卒歎矣。